この高鳴りを僕は青春と呼ぶ

坂田光

ヨシモトブックス

この高鳴りを僕は青春と呼ぶ

東京。新宿。歌舞伎町の外れにある、真夜中の小学校。まるで上からそこだけくり抜いたかのように、ぽっかりと空いた中庭。そこから吹き込む、真冬の凍てつく風が渡り廊下を貫く。震える身体を両手で押さえ込む。もうすぐだ。

行列の先の教室から「ありがとうございました」という声が聞こえた。列が進む。最後のネタ合わせをしようと横を見たが、相方はどこにもいない。辺りを見渡すと、列の後ろの方で同期の芸人と笑って話してる。のんきなもんだ。手招きして呼び、小声でお互いの台詞の確認をする。作ったばかりの新ネタ。不安をかき消すかのように何度もネタを合わせる。

さっきまで楽しそうにネタ合わせをしてたコンビが、ネタ見せの教室から出てきた。どうだったと聞くと、苦虫を噛み潰したような顔をして、首を横に振った。こうはなるまいと、ネタ合わせに力が入る。寒さか緊張か、カチカチと歯が鳴っている。もうすぐで僕らの番だ。

カツカツとヒールの音が聞こえる。水着のグラビアのお姉さん達がバスローブを羽織って真夜中の廊下を歩いてる。奥にあるスタジオで今から番組の収録なのだろう。信じられない光景に、深夜の若者達は胸を躍らせ鼻の下を伸ばし、決して相手にされない現実に肩を落とした。

この
高鳴りを
僕は
青春と
呼ぶ

近くで歓声が上がった。見ると、テレビで活躍している先輩芸人が段ボール箱いっぱいのチョコレートを抱えていた。僕らは一瞬にしてそれに群がった。この中に、世間がバレンタインだと把握していた者がどれだけいただろう。

「一人二個ずつな！」

チョコレートの銘柄なんか知らない僕らは、とにかく見た目が高そうなやつを取り合った。誰も一人二個なんてルールは守っていなかった。段ボール箱の中のチョコレートはすぐさま無くなった。

「ありがとうございました！」

僕らが頭を下げると、先輩は笑って水着のお姉さん達がいるスタジオに消えていった。

売れたい。一刻も早く。一刻も早く、この夜を抜け出したい。

小学校を改築した、僕らの本社。僕の所属する芸能事務所、よしもとクリエイティブ・エージェンシーの東京本部はこんなところにある。

街は寝静まって今日を迎える準備をする中、昨日を引きずった僕らはいつものように、100円のノートに100円のペンを持って。ウンウンと、ああでもない、こうでもないと、馬鹿みたいなくだらないことを考える。「こんなコンビニは嫌だ」「地味田地味男の今日の大事件は？」「世界で一番優しい嘘を教えて」。

隣の教室でも、そのまた隣の教室でも、真夜中の小学校のいたるところで。新ネタ作りにもがいている者、配信番組で夜通し大喜利《おおぎり》をしている者、舞台でやるダンスを練習している者。真夜中の小学校の本社には、連日連夜、何者でもない者が、何者かになろうともがいている。

世の中に不必要で不健康でどうしようもない馬鹿みたいなアイデアを、閃きを、物語を。今日も僕は全身全霊で脳みそから絞りだす。生まれるのは大金か、はたまた0円か、それ以下か。

僕の職業は芸人。仕事内容はいたってシンプル。

人を笑わせることだ。

この
高鳴りを
僕は
青春と
呼ぶ

1　スーパーヒーローになりたい

僕が生まれたのは、九州は福岡県の、外れも外れにある山近くの、これでもかというう自然に囲まれた田舎町。見渡す景色のほとんどがビニールハウスと田んぼと農作業着姿の大人達。もちろん、そんな町の名産は農作物。セロリとナスビ。ナスビ農家はなんとなく皆イメージしやすいだろうが、セロリ農家なんて珍しさの極み。なんせ子どもの嫌いな野菜ランキング堂々一位に君臨し続ける、ザ・大人の野菜。今でこそ僕はめちゃくちゃセロリ好きだけど、子どもの時は苦手だったもんな。

そんな町の名産、セロリ農家の男三人兄弟の真ん中、次男坊として僕は生まれた。人見知りでおとなしく、全く泣くこともなかった僕は、兄弟の中でずば抜けて手がかからない子だったそうだ。母親に聞くと、一人で歩けるようになったら、横で寝る両親を起こさず、二階の寝室から一階のトイレまで一人で起きて行っていた。なんて子どもだ。しかし、怖いのは怖かったはず。なぜなら階段からトイレまでの廊下に並ぶガラスケースになぜか、じいちゃんの趣味かばあちゃんの趣味かわからないが、日本人形が並んでいて、昼でも異様に怖かったからだ。そこを通ってじゃないとトイレに行けないが、それでも一人で行ってたのは、子どもながらに寝てる両親を起こすのが申し訳ないと思っていたからだ。優しいとかではなく、誰に対しても異常に気を遣っていた幼少期だった記憶がある。

近所にはビニールハウスと田んぼ以外何もなく、最寄りのコンビニは川を渡った隣町で、車で15分。お菓子や生活用品を売っているこの辺りで唯一のタバコ屋さんは夜6時には閉まるし、レジは無くておじちゃんがそろばんで計算してた。そんな時間が止まったような、娯楽も何もない町で、僕の唯一の楽しみはお笑い番組だった。

小学校から家に帰ると、真っ先に新聞のテレビ欄に飛びついて、マーカーを引いた。面白そうな番組は全部チェックして、録れるだけの番組をビデオに録って、一番観たいやつを生で観た。一番好きだった芸人さんはナインティナインの岡村隆史。岡村さん

この
高鳴りを
僕は
青春と
呼ぶ

は僕が芸人を目指したきっかけ。僕の人生に光を与え、そして素晴らしく狂わせてくれた、僕のスーパーヒーロー。

『めちゃイケ（めちゃ×2イケてるッ！）』『ぐるナイ（ぐるぐるナインティナイン）』をはじめ、『ASAYAN』、『ジャングルTV』、『ナイナイサイズ！』、いろんな番組をかじりついて夢中で観てた。面白くてかっこよくて、そして面白くて。なんなんだこれ。なんなんだよと。番組を観てる時は嫌なこともなにもかも忘れて、ただただお腹を抱えて笑って。こんなに素晴らしい世界があるのかと。僕はすっかりお笑いに夢中になっていた。

たくさんお笑い番組を観ていたにもかかわらず、岡村さんにだけ特別に夢中になったのには理由がある。

『めちゃイケ』の一番好きな企画コーナーに、岡村さんの「オファーシリーズ」というのがあった。内容は岡村さんがいろんなことに挑戦する様子をドキュメンタリータッチで放送するもので、SMAPやEXILEのコンサートにダンサーとして挑戦したり、新春かくし芸での中国ゴマや、ムツゴロウさんとの競馬対決、ほかにもフルマラソン挑戦、具志堅用高とボクシング対決、横峯さくらとゴルフ対決、杉山愛とテニス対決など、数々の困難なミッションに挑戦してきた。

中でも一番印象に残っているのは、劇団四季の『ライオンキング』に挑戦した回だ。岡村さんは全くのミュージカル未経験者なのに、ガゼル、草、ハイエナ、シンガーの四役をこなし、ライオンキングの中でも最難関のハイエナダンスを、何度も失敗しながらも諦めず死にもの狂いで練習し、最後には本番で見事に成功させた。それだけでもすごいのに、それに加え大爆笑もとっていて。小学生の僕は度肝を抜かれた。圧倒的な努力と精神力で達成していく岡村さんが、とてもストイックでかっこよく、そして笑えて面白くて、なんてすごいんだ、なんて面白くてかっこいいんだこの人は、と僕は他のお笑い芸人とは違う、特別な感情を抱いた。

テレビで観る芸人さんは皆、普段から明るく面白くてポジティブでふざけてばかりの楽しい毎日だと思っていた。でも岡村さんは違った。テレビや雑誌で得た情報では、プライベートの岡村さんはそんな芸人のイメージとは真逆の極度の人見知りで、女性が苦手で、しかも根暗で大真面目な性格ということだった。これには驚き、そして強烈な親近感を覚えた。

僕も極度の人見知りで、人前でふざけたりするのはもちろん、家族の前でも恥ずかしくて少しもおどけたりすることができなかった。親戚の集まりでも、ずっと母親の後ろについて隠れていた。だから、そんな岡村さんが爆笑をとっている姿を見て、子どもながらに、僕も頑張ったらあんなふうになれるんじゃないか、あんなふうに皆の前で笑いをとれるんじゃないかと思ったのだ。ずっとこんな自分の性格が嫌いだった僕が、その時どれだけ希望を持てたか。芸人は、笑わせるということに、これだけの覚悟と信念と、努力を以て臨んでいるのか。子どもながらにしびれて、その姿は強烈に心を掴んで離さなかった。僕はこの人になりたいと思った。

普段は大人しく人見知りで暗い真面目な僕が、取り憑かれたように真逆のお笑い番組にすがるさまは、父親にも異様に映ったのだろう。新聞を隠されたりもしたし、テレビを禁止されたこともあった。だがそれにも僕はめげなかった。父親の言うことなど聞かずに毎日お笑い番組を観続け、しかもビデオにも録っていた。もちろん毎日そんなことをしていたら、それこそテープが追いつかなくて、お小遣いを貰ったらすぐさまビデオテープを買っていた。兄ちゃんや弟が誕生日プレゼントにゲームやプラモデルをねだる中、ビデオテープ10本セットをお願いした僕に、親は引いてたかもしんないな。

これは今でも内緒にしてるんだけど、一度だけ、取り返しのつかないことをしてしまったことがある。

その日は土曜日。待ちに待った、『めちゃイケ』の日。その日の『めちゃイケ』は通

この
高鳴りを
僕は
青春と
呼ぶ

常回と違い2時間半スペシャルで、「めちゃ日本女子プロレス」が放送される予定だった。「めちゃ日本女子プロレス」は、めちゃイケメンバーが女子プロレスラーとガチンコで対決するという人気コーナーで、僕も大好きで毎回楽しみにしていた。さあ、もうすぐ放送時間だとわくわくして、録画しようとビデオテープを用意しようとしたら……無い。新品のテープがどこにも無い。

しまった。てっきり予備の新品がまだあるものだと勘違いしていた。迫りくる放送時間。テープを買いに行こうにも最寄りのコンビニまで車で片道15分。間に合うわけがない。他のテープに上書き録画するしかないと、急いで今まで録り溜めしたテープを観なおしたが、全部自分が好きな回やスペシャルばかりでどうしても消せない。

あと数分で『めちゃイケ』が始まる。パニックになり、半狂乱でテープが無いか家中を探した。そして僕は見つけた。たまたま家を留守にしていた両親の部屋で。母ちゃんが借りていた、いとこの姉ちゃんが応援団のチアリーダーをした高校の体育祭のビデオテープ。テープには上から録画できないようにツメが折られている。このままだと録画をすることはできない。万事休す。でも僕は知っていた。折られたツメの上にセロハンテープを貼れば、上書き録画できる裏技を。

僕は悪魔に魂を売った。「永久保存版」と姉ちゃんが書いたラベルのテープには、体育祭で輝くチアリーダーの女子高生はいない。代わりに、おじさんだらけの「めちゃ日本女子プロレス」が収まっている。

どうかしてる。人の大切な思い出を消してまで、録画するなんて。しかもさらにやばいのは、僕はその番組をリアルタイムでも観ていたことだ。ただ当時の僕は、何回も擦り切れるほど観たいから、録画できないなんて死活問題だった。背に腹は代えられず、やってしまった。

あの当時、僕は自分が取り返しのつかないことをしたという自責の念で胸が張り裂けそうだったが、それを上回る「めちゃイケ愛」がそこにあった。死ぬまでにちゃんと懺悔したい10のこと。ごめんよ、えり姉ちゃん。今の僕があるのはえり姉ちゃんのおかげかもしんない。

2 なんにも見えねえんだよ

小一から高三まで僕は剣道部だった。田舎の小さな、一学年に30人ほどのクラスしかないような小さな学校。クラブ活動が、ソフトボール、ミニバスケットボール、剣道の三つしかなくて。三つ上の兄ちゃんがミニバスケ部に入ってたけど、仲の良い友達に剣道部に入ろうと誘われたから、流されるように剣道を選んだ。理由なんてそんなもんだったはずだ。

普段は大人しく気が弱かった僕が、剣道をしている時だけはまるで人が変わったように、気が強く、闘志剥き出しだったようで、両親も驚いたらしい。防具を身にまとったあの当時の僕は、鎧をまとった勇者にでもなった気だったかもしれないな。当時から僕は漫画が大好きで、漫画に出てくる世界を救う主人公達に夢中だったもの。

この
高鳴りを
僕は
青春と
呼ぶ

剣道部は、通常の夜稽古が週3回あった。それとは別に早朝稽古が不定期に行われた。夏休みはもちろん、冬のまだ真っ暗で寒い朝6時、小学校一年生なのに、自転車で一人で4キロ離れた小学校の体育館の練習場に行っていた自分に今でも時々驚いてしまう。大人になった今の方が、暗い夜道が怖いもの。あんなに怖かったトイレまでの道のりの何百倍もの距離。今思えば相当気合い入ってたよな。それとも本当に勇者気分だったかもしんない。

＊

小三の時、親に新聞配達がしたいと懇願した。『キャプテン翼』の日向小次郎《ひゅうがこじろう》が、家族の生計のために小学生なのにドリブルしながら新聞配達をしている姿が無性にかっこよく見えたんだ。あのハングリー精神の塊が小三の僕の胸を貫いた。とはいっても、それを理解して快く承諾してくれる親も、今思えば、なかなか腹がすわっていた。

近所の高校生の兄ちゃんが新聞配達をやっていたので、頼み込んで、それを手伝わせてもらう形で僕の新聞配達生活が始まった。小三の小さい身体では高い位置に付いているポストには手が届かず、そういう家は近所の人達が協力して、箱馬や、小さい階段を用意してくれたりした。いろんな種類の新聞を配るため、なかなか覚えられない僕に、わざわざポストに新聞名のシールを貼ってくれる家の方もいた。なんせほとんどの人が顔見知りの田舎なので、近所の人達は僕が間違った新聞を入れた時も笑って許してくれた。頑張ってるねと、笑顔で声をかけてくれて、子どもながらに、つくづく愛情に溢れた大人に囲まれていると思った。

意外にも大変だったのは雨の日じゃなく、降るかどうか微妙なくもりの日だった。新聞屋さんが早朝にウチまで配達分の新聞を持ってきてくれて、雨の日は1部ずつ綺麗にビニールに包まれていて大丈夫なんだけど、くもりで微妙な日は包まれてなくて。配達の途中で雨が降った時は最悪だった。自転車から降りて、自分のTシャツの中に新聞を入れて濡れないようにして歩いて配った。

年始のお笑い番組が観られて最高の正月も、新聞配達だけが憂鬱だった。いろんなお店の正月用セールのチラシがギュウギュウ詰めで、普段はペラペラな新聞もこの日だけはコロコロコミックぐらい分厚い。いつもの何倍も時間がかかった。本当、しんどかったな。

唯一の楽しみは、手伝ってる兄ちゃんからたまに貰うお小遣いで、もちろん全部お笑い番組用のビデオテープに消えていた。健全も健全。そして余ったら、本屋で漫画を買っていた。小学生ながら、自腹で『浦安鉄筋家族』と『グラップラー刃牙《ばき》』を全巻揃えていたのは僕ぐらいだったはずだ。少年ジャンプもマガジンもコロコロコミックもコミックボンボンもVジャンプも。中学生になってからはちゃんと給料としてお金を貰えるようになった。音楽にハマってからはCDを買うようにもなり。お笑いだけじゃなく、漫画や音楽も大好きなのは、確実にあの時の新聞配達による資金のおかげだ。

お小遣いは家の手伝いの農作業か、新聞配達で稼いだ。小学生ながらに労働の仕組みというか、お金を稼ぐという大変さと大切さを身に染みて学んだ。

結局、新聞配達は中三まで続けた。小学生の時は早寝早起きで、寝坊することはあまりなかったけど、中学になって深夜番組も観るようになり夜更かしを覚えてからは、早起きするのが大変だった。つい寝坊した日は、「すいません」って朝8時過ぎに配ったりした時も沢山あった。朝刊で8時過ぎってやばすぎるよ。よく近所の人も許してくれたな。

いつも学校に行くのに迎えに来てくれる幼なじみの亮司《りょうじ》に、僕が寝坊した日、配達を手伝ってもらったこともあった。甘えの極み。よく、ごめんごめん、ありがとうで済んだな。それでも笑って許してくれる、のどかで優しい地元の人達に囲まれて、時おり甘やかしすぎなんじゃないかと思うほどの愛情を注がれながら、すくすくと育った。

*

正月で思い出した。正月の新聞配達の苦痛をひっくり返す大イベントがあった。じいちゃんのお年玉だ。

家族や親戚のおじちゃんおばちゃん達にももちろん貰ったが、じいちゃんだけはお年玉のやり方が特別だった。いつもは梅酒を漬けている大きな特製のビンに、小銭をパンパンに入れ、中身が見えないように布で包み、掴み取りしてビンから出せた分が自分のお年玉になるのだ。いっぱい掴んだら、ビンから手が出せなくなるし、掴む量を減らせば小銭の取り分が少なくなる。絶妙なシステム。このエンターテインメントなお年玉ゲームに、坂田家の子ども達は心を鷲掴みされた。

成長して手が大きくなってビンに入らなくなったら卒業する決まりで、親戚の子ども達の中でも一番上のこうだい君が最初に卒業した。それを目の当たりにした時、僕ら

この
高鳴りを
僕は
青春と
呼ぶ

子ども達全員が、その年の初詣で願ったのは、「手がおっきくなりませんように」だ。

じいちゃんは八人兄弟の長男で。中学生の時にお父さん、つまり僕のひいじいちゃんを亡くして、小さい弟、妹達を食べさせるために、中学をやめて働いたそうで。学年でも一番成績が良く、高校にどうしても行きたかったじいちゃんは、くず鉄を乗せたリヤカーを引いて歩いている時に、高校の制服を着た同級生達にからかわれて、悔しくてたまらなかったそうだ。すごいのが、それでもめげずに、その後村の仲間達と戦後まだ日本で誰も食べていなかったセロリというヨーロッパの野菜の栽培に挑戦し、実家の家業にして、今じゃ町の名産にまでしたということ。立派すぎて目眩がする。

僕の地元の小さな町を、セロリの生産全国三位の名産地にまでしたのは、紛れもなくじいちゃんと、その仲間の皆さんのおかげ。そりゃ、そんな人達のいるこの町は愛に溢れてるはずだ。

＊

小学校から一緒に剣道を続けていた仲間達と、中学に上がっても剣道部に入った。

この
高鳴りを
僕は
青春と
呼ぶ

中学とはいっても、僕が通っていたそもそも小さい小学校と、もっと小さい隣区の小学校の、二校の生徒が集まっただけの、一学年50人足らずのこれまた小さな中学校だった。

そんな小さい中学の剣道部だったもんだから、一応顧問の先生はいたけど、剣道を直接指導してくれる監督はいなかった。僕達は、自分達で練習メニューを考えたり、卒業したOBの先輩に稽古をつけてもらったり、隣町の道場に稽古に通ったりして。厳しい監督がいないもんだから、たまに甘えて、時おりサボって隣の卓球部と一緒に卓球したり、ランニングに行く途中で学校の近くの駄菓子屋でダベったり、部室で漫画やゲームをして別の先生に怒られたりを繰り返した。

キャプテンで大将だった僕は、頑固で生真面目すぎる性格もあって、「なんでちゃんと練習しないんだよ！」と、時おりチームのみんなにブチ切れては一人で帰ってた。それを見て、みんなが、「じゃあ練習するか」みたいな感じで真面目に練習することもあって。

うまいことみんなが練習するように意図的にやってたなら大したもんだけど、本当は戻りたいのに、怒った手前、素直に戻って謝れず、練習場の入り口の手前で悩んでウジウジして、結局帰るという。ただのめんどくさいやつだ。一人で勝手に怒って勝手に泣いて帰って、なんだかんだトータルで一番練習サボってたのは僕だったんじゃないだろうか。

中三の夏、なんとか僕らは県大会ベスト8という成績を残した。こんな僕らが奇跡のような成績を残せたのには、もちろん理由がある。

漫画が好きな僕は、いろんな剣道の漫画を読み漁っていた。その中の『しっぷうどとう』という作品に、高速で真横に移動することで、一瞬目の前から消えるという現象を引き起こす必殺技を持つキャラがいた。

すぐさま真似をしたが、漫画のように上手くいくわけもなく、ただぴょんと横に跳ぶだけで、もちろん消えられはしなかった。しかし、高速で左右交互に移動することで、消えはしなくても、フェイントにはなるんじゃないかと思いついた。研究に研究を重ね、僕はついに必殺技を編み出した。

《秘剣《ひけん》 雷《いかずち》》

まるで雷のような軌道でフェイントをし、相手の意表をつき、面を打つ。

『るろうに剣心』を全巻持っていた僕は、作中のかっこいい必殺技に完全にゴリゴリに影響されて技に名前を付けていた。

しかし、この技がバンバン当たるようになり、僕は調子良く試合に勝ち出した。一緒に闘う仲間達の活躍もあり、僕らは見事、県ベスト8になれた。

その後、僕はレギュラーだった幼なじみ二人と一緒に、県内でも有名な強い剣道部のある高校にスポーツ推薦で入学することができた。これも《秘剣雷》のお手柄と言っても過言じゃないはずだ。

高校に入ると、県大会で僕らに勝って県三位になった黒木《くろぎ》中のキャプテン、似吹《いぶき》も同じ剣道部に入った。似吹は県下でも強くて有名で、そんな、ついこないだまではライバルだったやつが、今度は同じ仲間として共に闘う。まるで少年漫画の王道のような流れ。僕の大好きなやつじゃないか。

入部初日、全体ミーティングでの一年生の自己紹介が終わると、似吹が僕のもとへとやってきて、右手を差し出してきた。ああ、そうか。僕らはこれから仲間になるんだ。一緒にこのチームで全国優勝するんだ。

「これからよろしくな、ジグザグ面の坂田！」

この
高鳴りを
僕は
青春と
呼ぶ

めちゃくちゃダサい異名で呼ばれていた。《秘剣 雷》と意気揚々に名付けて、バリバリにかっこつけてやってたつもりが、裏じゃ同世代の他校の皆に劇的にイジられていた。恥ずかしすぎて全身に雷が走った。僕がその技をやるたびに、またジグザグやってるやんあいつ、と思われていたのか。王道のバトル漫画と思いきや、完全にギャグ漫画だった。

この日以来、ジグザグ面は完全に封印した。

それから3年間、地獄のような猛稽古の日々が続いた。中学の時はキャプテンでレギュラーだったのに、やっぱり高校に入ると周りのレベルは段違いで、レギュラーになれるどころか、毎日の練習についていくのさえやっとだった。県下でも有数の強豪校に休みなんてのは一日もなく、毎日朝のホームルーム前に、ランニングや筋トレをして、放課後練習をして、家に帰っても素振りやランニングをして。倒れるように寝て、起きてはまた朝練に向かう。週末も遠征や練習試合ばかりの剣道漬けの日々だった。それでも、いくら練習しても思うように全然強くなれなくて、もどかしくてしょうがなかった。

レギュラーを決めるために、毎回公式試合の前に、部内で総当たり戦があった。

三〇人ほどのメンバーの中から、団体戦に出られるメンバーは五人だけで、控えも入れて七人。先輩も後輩も関係なく、強い五人だけがレギュラーに選ばれる。普段仲の良い仲間達も、レギュラー争奪戦が近づくとお互い牽制し合いピリピリしていた。今まで小中と当たり前のようにレギュラーで試合に出られていたことが嘘みたいだった。

結局、幼なじみ三人で同じ小、中学校とずっと剣道頑張ってきたけど、とうとう最後まで僕だけレギュラーになれなかった。高校入学当初は三人とも同じくらいの強さだったのに、僕だけいっこうに伸びなかった。

入学してからずっと三人で一緒に自転車で通ってたのに、僕はいつからか一人で帰るようになった。僕から言いだしたんだ。なんとなく、「ちょっと用事あるから」なんて言ってごまかして。用事なんてなにもなかった。悔しくて惨めで、自分には才能がないんだと泣きながら帰る日もよくあった。仲良い友達には泣いてるダサいところを見られたくなかった。

レギュラー発表を終えた後のミーティング。監督は「レギュラーじゃなくても皆でチームだ。チーム一丸となって闘おう」と言う。頭ではわかってる。そんなことは十分にわかってるのに、レギュラーになって頑張ってるあいつらを、僕は心から応援することができなかった。悔しさと嫉妬がどんどんと溢れてくる。それが苦しくて、同じレギュラーになれなかった同級生に相談した。重くならないように、冗談めいた感じで。

「監督はあんなん言うけどさぁ、そんなん無理よなぁ」

「俺は応援できるよ。一緒に頑張ってきた仲間なんやから。あいつらには頑張ってほしい」

衝撃だった。僕は自分だけがこんなに卑屈で、こんなにも醜いのかと、ショックだった。そして同時に、誰も俺の気持ちなんてわかんねえよと思った。

その同級生は一般入試だったが、僕はスポーツ推薦で高校に入った。剣道部で活躍することを期待されて迎え入れられた。その推薦のメンバーの中で唯一レギュラーになれなかったんだ。一緒にするなよ。俺の気持ちが、この惨めさがお前らにわかってたまるか。汚い気持ちでいっぱいだった。

三年最後の夏の大会も、後輩達がレギュラーとして試合をする中、僕は二階の応援席でジャージを着ていた。レギュラーだけが着けられる赤胴がずっと羨ましかった。三年最後の夏、仲間達を素直に応援もできずに、汗一つかかずに終わったこの現実が。ダサくてかっこ悪くて情けなくてしょうがなかった。

そんな時、いつも助けてくれた人がいた。もう一人の僕のスーパーヒーローは、銀杏BOYZの峯田和伸。前身のバンドGOING STEADYの時からもちろん、僕の思春期を、淀んだ青春を肯定してくれたスーパーヒーロー。

初めて中学の時に兄ちゃんから借りたアルバム「さくらの唄」。お笑いばっかりで、音楽なんて当時全然聴かなかった僕は、ひっくり返るほどの衝撃を受けた。カッコいいとかそんなんじゃなくて、ひたすらドキドキした。なんだか、いてもたってもいられない。今すぐにどこかに走り出したくなるような、そんな衝動に駆られて、ずっとドキドキしたんだ。それを聴いてからずっと虜で、今も僕の胸の真ん中ではずっと鳴り響いてる。彼は、こんなダサくてかっこ悪い惨めな僕を、それでもいいんだと言ってくれた。かっこ悪くてもいいんだ。自分に嘘つくくらいなら、かっこ悪くても正直にいる方がいいんだ。嫌で嫌で嫌いだった、後悔と挫折の日々を、いつも全肯定してくれた。

この
高鳴りを
僕は
青春と
呼ぶ

福岡の田舎の、真っ暗な田んぼ道を自転車で、毎日銀杏BOYZを聴きながら帰った。街灯なんかひとつもないから、自転車のライトひとつ、他になんにも見えねえ。田舎の夜なんてなんにも見えねえんだよ。悔しさに歯を食いしばりながら、帰ったら録り溜めした好きなお笑い番組を観て、泣きながら笑った。

後輩にもレギュラーを取られて悔しくて泣いた夜。好きな娘に5回告白して、5回フラれた夜。世界でひとりぼっちだと思った夜。僕のどうしようもなくかっこ悪い青春を、思春期を、救ってくれたのはいつだって、どうしようもないほどのお笑いとロックンロールだった。

3 17歳

2005年、17歳。高三の夏。僕は芸人になろうと決めた。小さい頃からぼんやりと憧れのように抱いた夢は、くっきりとした現実として、僕の目の前に現れた。でも音楽じゃなくて、お笑いを選んだのはなんでだろう。音痴だからか、手先が不器用でギターが下手だったからか、今となっちゃ、はっきりわかんない。きっと、僕は誰よりも笑いたかったからかもしれない。

部活を引退した高三の一学期の終わり、夏休みに入る前の進路相談。次々とクラスの皆が呼ばれていく中、僕の番が来た。僕はその日、担任の藤村先生に初めて想いを告げた。

この
高鳴りを
僕は
青春と
呼ぶ

「お笑い芸人になろうと思ってます」

ほぼ大半の生徒が進学を希望する中、真剣な目をしてお笑いに就職希望する生徒を先生はどう思っただろうか。僕は怒られて止められるのを覚悟していた。

「そうか。それなら頑張りなさい」

先生の返事は、拍子抜けするくらい、さらっとしたものだった。

「驚かないんですか?」

「お前見てたら不思議と、そうやろなって、思っちゃったよ。お笑い好きやもんな」

僕は一発で先生を好きになっちゃったな。前から好きだったけど、もっと好きになっちゃったよ。クラスで友達とお笑いの話をしたり、ふざけてたりしてるのを見てたからかもしんないけど、一度も先生にそんなこと言ったことはないし。それに僕が先生だったら、何バカなこと言ってんだって怒っちゃいそうだもんな。だってきっと、先生の教師生活の中でも、進路相談で芸人になりたいなんて言ってる生徒は一人もいなかったはずだ。

「それで、具体的にはどうするんだ? その、なんだ。具体的に。ん、どうやったら、芸人って、なんだ、弟子入りとか、なのか。どうやったらなれるんだ?」

案の定、そんな生徒は一人もいなかったみたいだ。そりゃそうだ。

「東京に行って、吉本の芸人養成所『ＮＳＣ』に入ろうと思ってます」

「一人で行くのか？　漫才グループみたいなのって、誰か何人かいるよな。クラスの本居《もとおり》とか面白いからいいと思うが」

まさかの、同じクラスの明るくて天然の面白い女子、本居さんを薦められた。確かに本居さんは面白くて、みんなにイジられる愛されキャラだったが、まさか男女コンビを薦められるとは。今でこそお笑い界に男女コンビは増えているが、あの当時、なかなかに斬新な提案だったと思う。というより、お笑いコンビじゃなく、漫才グループと言ってたし、先生は明らかにお笑いに詳しくなかった。詳しいのは生徒の心の掴み方だけだ。

「いや、誘いたいやつはもういるんです。今週末、そいつに言ってこようと思います」

そう言って、僕はその週末、原付に乗って隣町へ。向かった先は高校の親友の中でも、一番面白かった鶴《つる》の家。鶴というのは、アダ名でもなんでもなく、名字で。見た目はちっちゃくて太って天然パーマの。あの美しいシャープな鶴とは、真反対の愛されポッチャリボディ。まるでお笑いをするために生まれてきたようなやつだ。

高校一年の時、僕は2組で。鶴は隣のクラスの3組だった。クラスでも二軍全開で坊主でモテなかった僕は、同じ二軍同士のやつらと、男だけでワイワイとつるんでいた。そんな中、その友達が同じ中学出身で面白いやつがいると紹介してくれたのが、鶴だ。

今でもくっきりと鮮明に覚えてることがある。鶴とトイレに一緒に行った時のこと。鶴は小便器で用を足してる友達の後ろに行き、自分の股間を相手に押し付け腰を振り、こう言った。

「バスバスバスバス、バスコ・ダ・ガマ！」

衝撃だった。鶴はオリジナルの一発ギャグを持ってたのだ。売れている芸人のマネじゃなく、完全なオリジナルギャグ。お笑いの文化もない、福岡の田舎の高校に、オリジナルギャグを持ってるやつがいるとは。僕の心はどんなに躍っただろうか。

しかし、今思うと完全に立ちバックだし、当時バリバリに童貞だったはずの鶴がよくあんなギャグ持ってたな。なんにせよ、そのギャグでみんな笑ってたし、思春期の多感な僕らのハートに、下ネタ100％のバスコ・ダ・ガマはぐさりと突き刺さった。

僕らはすぐに仲良くなり、二年で同じクラスになった時には、毎日一緒につるむようになってた。ギャグ以外にもモノマネも上手くて、喋っても面白い鶴は、みんなに愛される人気者だった。その時から僕は、コンビを組むならこいつしかいないないなと思ってた。

＊

国道沿いの電気屋が鶴の家だった。鶴の両親に挨拶をして二階に上がると、きょとんとした顔の鶴が僕を出迎えた。

「どうしたん、こんな夜中に急に」

「ああ、いや。まあまあまあ」

「なんなん、気持ち悪りぃな」

「いや、あれ観た？　昨日のめちゃイケ……」

普段一緒にふざけてばかりいた鶴に、急に真面目な話をするのは照れくさくて、いつこうに僕は本題に入れず、たわいもない話を続けた。気分を変えようと、外に出たけど、それでもなかなか話し出せず、近所の川べりを二人で何時間も歩いた。そしてとうとう、これじゃキリがないなと思い、意を決して僕から切り出した。

この
高鳴りを
僕は
青春と
呼ぶ

「俺さ、芸人なろうと思っとるんよな」

「そうなん？」

「卒業したら、東京行って吉本入るわ」

「マジで言いようと？」

「うん。やけん、俺とコンビ組まん？　一緒にお笑いしようばい。俺達、絶対ビッグになるけん」

「そうか……すまん。俺、バンドやりたいんよ」

「…………」

「今やりよるバンド、本気でやりたいんよな」

びっくりした。断られたのだ。頭が真っ白になった。なぜだか僕は完全にＯＫだろうと思い込んでたものだから、世界が急に止まったような気がした。

もちろん鶴がバンドを組んでいたのも知ってたし、バンドのライブに行ったことも何回かあった。あいつの音楽への想いや情熱も知っていたし。それでもなぜか、僕はこいつとお笑いやっていくんだと思い込んでた。きっと俺達とんでもなくビッグになるぜって。あまりにも純粋に、勝手にきらびやかな未来を思い描いていた。

「俺、福岡大学受けるけんさ。光も一緒に行こうぜ。大学で好きなことしようばい」

まさか断られると思わず、それでも一人で東京に行く勇気もなく、僕は途方に暮れてしまった。

*

鶴にコンビを断られた次の週、改めて担任の藤村先生のところに進路相談に行った。断られました、とりあえず受験することにします、と。

「ふざけるな」

あんなに怒った藤村先生は初めてだった。

「お前が本気で芸人を目指すというから応援したんだ。そんな中途半端な覚悟じゃ、受験も無理だ。受験する他のみんなにも失礼だ」

雷に打たれたような気がした。自分の覚悟があまりにもちっぽけなことと、先生の想いや優しさをないがしろにしたことがとことん情けなくて、どうしようもなかった。

先生に謝り、改めて進路について考えに考えた。東京のNSCに行くか、大学に進学するか。悩んだ僕は母親に思いの丈を相談した。

母ちゃんは僕が芸人になりたいと言うと、一瞬だけ驚いた表情をして、こう言ってくれた。

「じゃあ、とりあえず受験勉強してみんね。東京行くにしても、大学行くにしても行かんにしても、卒業まで半年ヒマやろ。なんもせんより、勉強しといて損はないんやない？」

そうか、そんな考えもあるか。なんだか吹っ切れた気がした。

高三の夏休み。ひたすら自問自答を繰り返して家でボーッとしてる息子に見るに見かねて言ったのかもしれないが、僕にとってはハッと目が覚める言葉だった。


そして、僕は決めた。

地元福岡にある、福岡大学商学部商学科。他にすべり止めは受けず、この1学科だけ受験する。受かったら進学し、落ちたら東京のNSCに行く。

しかし僕は絶望的に成績が悪く、当時は学年で下から10番くらいだった。というのも、どうせ僕は高校卒業したら芸人になるし、勉強なんて必要ないと思ってたから。それに毎日の部活がしんどすぎて、高校三年間、授業中は毎日寝てるか、サボって先生に隠れてずっと漫画を読んでた。最初は寝すぎて死ぬほど怒られたが、あまりにも寝るから、次第に注意されず放っておかれるようになった。先生達には申し訳ないが、今となっちゃ、体育と家庭科の調理実習と、『寄生獣』と『20世紀少年』の呆れるほどの面白さしか覚えてない。

それから半年、僕は死にもの狂いで勉強した。ひょっとしたら、在学中に鶴の気持ちも変わるかもしれないと思ったし、自らわざと大学に落ちることほどダサいものはないと思い、それこそ寝る間も惜しんで、今までを取り返すように勉強した。受験科目は、国語、英語、日本史。福岡大学の受験には最低でも英検3級以上の英語力が必要だった。自慢じゃないが、英検3級どころか5級にも落ちたことのある僕は英語に関してはちんぷんかんぷんだった。英検3級の試験はなんとか筆記は受かり、面接まで行った。

面接は試験官と直接英語でのやりとり。ポケモンのカビゴンに、スーツとメガネを装備したような丸々とした試験官の声が小さすぎて聞き取れず、事前に友達に教えてもらっていた魔法の言葉を思い出した。

この
高鳴りを
僕は
青春と
呼ぶ

“I beg your pardon?”

（すみませんが、もう一度言ってくれませんか？）

もしかしたら、この言葉を引き出すためにわざと小さな声で面接官は話してるのかもしれない。求められてるのは、対応力だ。

“I beg your pardon?”

僕は得意げに何度も繰り返した。

明らかに不機嫌になっている面接官の顔は、一切気にならなかった。

もういい、わかった、という顔で面接官は持っているイラストを指差した。この公園のベンチで電話しているサラリーマン、彼は何をしてるか？ みたいなのを聞いてるなと思った。

おいおい、こんなイージーで大丈夫か？ こんなの簡単にクリアしちゃうよ。

自信満々で大声で叫んだ。

「ヒー・イズ・テレフォン!!」

この
高鳴りを
僕は
青春と
呼ぶ

結果、試験は盛大に落ちた。

は？　という表情の面接官に、聴こえてないのかと思い、「ヒー・イズ・テレフォン」を連呼したのが原因だと思う。

一緒に試験を受けた友達に話したら、「ヒー・イズ・コーリング」だよ、とこれ以上ない苦笑いで教えてくれた。

それからというもの、この悲劇をかき消すように勉強に没頭した。

塾や予備校にも行ってなかったから、放課後ギリギリまで学校で勉強して、それからは遅くまで開いている近くの図書館で勉強した。そこには同じ受験生の同級生も沢山いて、その中に同じクラスの好きな娘も勉強しに来ることもたまにあって。永田さんといって、バレー部の明るくて笑顔の可愛い娘だった。

そんな好きな娘との放課後の大チャンスというのに、会話どころかまともに挨拶もままならない童貞全開の僕は会釈だけして。それでもその日だけは嬉しくてニヤニヤしながら机に向かった。彼女の存在はこの暗闇に射す一筋の光。モノクロの世界に虹をかけてくれる。少女漫画に出てくるサラッと勉強を教えてあげるイケメンどころか、挨拶さえもサラッと言えない僕は、遠くから勉強している彼女の横顔を見ては、溢れ出す下心に、せっかく覚えた英単語を忘れてしまう日々だった。

いつぞやの英検の試験官に、「彼女は何をしているか？」と聞かれたら僕は自信満々で答えるのさ。同じ過ちを繰り返すのは馬鹿だ。

「シー・イズ・エンジェル」

繰り返される諸行無常。変わらないのは、変わりたくないからだ。

恋検10級ぐらい受からせてくれよ。

そして2月9日。受験当日の朝。じいちゃんが亡くなった。

4 じいちゃんの宝くじ

この
高鳴りを
僕は
青春と
呼ぶ

僕はじいちゃんが大好きだった。頭が良く優しく面白いじいちゃん。地区の区長をやってたじいちゃんのとこには、近所の皆が集まってはいつも、学《まなぶ》さん、学さんと呼んでいた。じいちゃんの名前は、学。名前のとおり頭が良かったんだな本当。小さな田舎だから、どこへ行っても、「おお、学さんとこの」と言われた。みんなのリーダーで、僕はそんなじいちゃんが誇らしかった。

小さい頃から、じいちゃんにだけはなんでも話して相談してた気がする。じいちゃんは僕をよく褒めてくれた。剣道の試合で勝った時も、小学校でのマラソン大会で一位をとった時も、版画でコンクールに入賞した時も、たくさん褒めてくれた。それがとても嬉しかった。

兄ちゃんや弟は僕より世渡り上手で、上手いこと甘えてお小遣いを貰ったりしてたけど、家族にさえ甘えるのが下手で気を遣ってた僕はずっとそれができなかった。本当はもちろん僕もお小遣いは欲しかったんだけど。

僕が小学生の時、お盆か正月だっただろうか、親戚のみんなが集まって「宝くじが当たったらどうする?」なんてたわいもない雑談で盛り上がっていたことがあった。僕ら子ども達は居間でみんなでテレビゲームをしてて。相撲観るからと、ばあちゃんにテレビのチャンネルを替えられてふてくされていた。

僕がトイレに向かうと、廊下でたまたまじいちゃんとすれ違った。ふと、じいちゃんが僕にこう言った。

「いつも我慢しとるもんな。じいちゃん宝くじ買ったけど、当たったら全部光にやるけんな。みんなに内緒やぞ」

じいちゃんがその時どんな顔で言ってたかは、はっきり思い出せない。本気で言ってたのか、冗談で言ってたのか、もはや確かめる術はないんだけど。覚えてるのは、すっごい嬉しかったことだ。今までどんなに褒められた時よりもすげえ嬉しかったんだ。一瞬でも、何億ものお金を一人占めできると思ったのかなぁ、あの時の僕は。

いや違うな、子どもながらにそんなの当たるわけねえよと思ってた。嬉しかったのは、僕の思ってたことがじいちゃんに全部お見通しだったからだ。

そんなじいちゃんも僕が高校生ぐらいから、病気でずっと入退院を繰り返していた。三年生になる頃にはお医者さんにも、もう長くはないと言われてたから、ずっと覚悟はしていた。

受験の前日。急に容態が悪くなった、急いで病院に来いと母ちゃんから電話があった。ちょうど、図書館で明日の受験に向けて最後の追い込みをしてるところだった。たまたま好きなあの娘も勉強しに来てて、「明日、受験頑張ってね」と言われ、人生最良の日だと浮かれていた矢先のことだった。

彼女に1ミリでも心配をかけたくなくて、明日に備えて早く寝るから先に帰るよと、夕方5時にバレバレの嘘をついて図書館を出た。

じいちゃん間に合ってくれよと、原チャリぶっとばして病院に向かった。

「おう、来たか光。明日受験なら来んでもよかったのに」

走りこんで勢いよく開けたドアの先で、じいちゃんはいつものように笑っていた。

予想に反して元気な様子で、拍子抜けしてしまった。

「何なん？　じいちゃん。心配して飛んできたのに、全然大丈夫そうやん」

「おう、すまんな。はよ帰れ。明日もあるやろ。頑張らやんたい」

また来るわ、と安心して僕は帰った。いつものように普通に喋って、いつものように元気だったじいちゃん。そうだよな、じいちゃんが死ぬわけねえもんな。

家に帰り、明日の準備を終えて、僕が眠りについた後。じいちゃんは息を引き取った。僕以外の家族と親戚に看取られながら、安らかに最期を迎えた。

＊

家族や親戚が、受験が終わるまで光にじいちゃんのことは黙っておこうと言う側と、伝えてあげようと言う側に分かれたみたいで。最終的に親戚の中でも一番熱い新《あら》おじちゃんが、真夜中に僕に電話で教えてくれた。一番あいつが学じいちゃんのこと好きやったんやから、伝えてあげんといかんやろ。黙っとくわけにはいかん。止める周りの皆にそう言って振り切り、独断で教えてくれた。

「受験、絶対頑張らやんぞ」

間寛平《はざまかんぺい》さんとマラソンをこよなく愛する新おじちゃん。いつも笑顔で、寛平さんと一緒に地元のマラソン大会で走ったことを嬉しそうに話してくれた。僕もじいちゃんも新おじちゃんが大好きだったし、新おじちゃんも僕とじいちゃんのことが大好きだった。

教えてくれてあんがとね、新おじちゃん。すげえ悲しかったけど、すげえ嬉しかったよ。

朝方、病院から家に帰ってきた寝てるじいちゃんの顔を見て、受験会場に向かった。そんじゃ行ってくるわ、と握手した左腕にはじいちゃんから貰った銀色の腕時計をつけた。昔、じいちゃんに貰ったものの、古くさくて普段はつけれんよっつって机の引き出しにしまったままだった。なんだよ、形見になっちまったよ、じいちゃん。あんなに学校行きたくても行けんかったじいちゃんに、これで落ちたら顔向けできんよな。泣くもんかと、歯を食いしばって受験した。

できることは全部やったし、これで受かったら僕は大学に行き、落ちたら東京で

この
高鳴りを
僕は
青春と
呼ぶ

ＮＳＣに行く。それだけだ。それだけなんだけど、もうそんなのどうでもよかった。ただ合格の結果だけが欲しかった。

結果、僕は大学に合格した。合否発表はたぶん電話だったと思うけど、待ってる間、あまりドキドキはしなかった。朝から僕よりもずっとソワソワしてた父ちゃんが、僕の部屋の前で、結果を今か今かと待っていた。受かったよ、と言うと、当の僕以上に喜んでいた。

じいちゃんにあんがとねと言って、僕の人生は大学の方にと大きく舵を切った。じいちゃんのために結果を出せたことは嬉しかったが、全部が終わってみれば、本当にこれで良かったのか、という気持ちが残った。

あぁ、僕は東京に行かないのか。ひょっとしてこのまま芸人にならなかったりするのかな。

自分で決めたことなのに、なんだかさ。全然すっきりしなかった。

5　ドラマチックにはほど遠い

この
高鳴りを
僕は
青春と
呼ぶ

2006年3月1日。僕は高校を卒業した。剣道部員として、ほぼ毎日を部活で過ごし、それでもレギュラーにはなれず、好きな娘と結ばれることもなく、フラれ続けた童貞まみれの高校生活。目を瞑っても、思い浮かぶシーンはいつも汗と涙でドロドロだ。それ以外は授業中に隠れて漫画読んで、寝て、怒られて、また寝てた記憶しかない。

今思えば高校だけじゃなく、遡れば小学生の時からだ。小一の授業参観の時にも寝ていて、遅れて入ってきた母ちゃんに皆の前で怒られた記憶がある。大人も皆笑ってたので、そういえばあれが人生で一番最初にウケた記憶かもしんない。幼なじみの亮司んちのおばちゃん、今でも会ったらこのこと話すもんな。

高校の卒業式。一人一人名前を呼ばれる時。五、六人の仲良い友達同士で、ふざけて返事をして面白かったやつが優勝な、といういかにもベタな勝負をした。僕は確か、「坂田ひ……」「はい！」って食い気味に返事するという、なんてベタなんだろうというやつをやったと思う。

優勝はもちろん、鶴だった。鶴は、クリープハイプの尾崎世界観もびっくりのハイトーンボイスで、

「はぁぁぁい!!」

って返事した。体育館に響き渡る嘘のような高い声に、笑いを我慢できなかった僕らは思わず噴き出してしまった。そして、真面目なクラス委員の女子の野田さんに白い目で睨まれた。あの時はごめんよ野田さん。僕らは僕らで闘ってたんだ。

ああ、こいつは後でめちゃめちゃ怒られる、と思ってニヤニヤして鶴を見てたら、式の終わりで笑顔ひとつ見せない鬼の生活指導の山口先生が、全生徒で一番良い返事だった！　と泣いて鶴を褒めた。

なんてこったい。僕ら生徒には人気者だった鶴も、タバコで停学くらったり、喧嘩で問題起こしたりして、先生達からは問題児扱いだったもんだから、最後の最後に更生してくれたと思ったんだろう。皮肉にもスーパー大逆転結果オーライだ。ちょ、あれー

マジか、違うんやけどなこれ……みたいな何とも言えない、鳩が豆鉄砲食らったような顔を鶴がしてた。最初で最後の、「第1回チキチキ！　卒業式おもしろ返事大会」は、鶴の優勝で幕を閉じた。

式が終わり、教室に戻って、最後のホームルーム。大学に行くことは決めたけど、将来芸人になる気持ちもまだあったから、ここでなんかかまそうと思っていた。僕はクラスで一番仲良かった仁志《ひとし》と、抜き打ちで漫才をやった。

仁志は頭も良く優しくとびきりいいやつで、とびきり顔がブサイクで、とびきりなで肩で、僕らの仲の良いグループで唯一のツッコミ役だった。ツッコミ文化の全くない福岡において、このツッコミ役というのはとてつもなく重要なポジションだ。基本僕ら福岡人はボケっぱなしで、ツッコミなんてなく、誰かがボケたら笑って、また誰かがボケるみたいな感じで。この仁志の存在は僕らのユーモアを保つのにとても貴重な、かけがえのないものだった。そんな仁志が、「なんか告られたわ」と、一個下の野球部の鬼かわ激まぶマネージャーと付き合った時。僕らは人生で初めて、

「ふざけんな!!」

とツッコんだ。怒り妬み嫉みに満ち満ちたツッコミだった。

この
高鳴りを
僕は
青春と
呼ぶ

一週間前から、毎晩、僕の家の裏にあるセロリまみれのビニールハウスの中で、大声で漫才の練習をした。

ネタの内容は確か、僕が先生、仁志が生徒役で。

担任の藤村先生が国語教師で、しかも開いた国語辞典みたいな髪型をしてたから、僕が藤村先生のモノマネをして、生徒の質問に頭の国語辞典で調べて答えるというネタ。なんともシュールで、高校生がノリでホームルームでやるような設定ではなかったと思う。クラスの一軍でもなく、さえない二軍バリバリのやつらがいきなりこんな漫才なんかしたもんで、クラスの皆も意味わかんなかったはずだ。

ちょっとトイレ行ってきますと言い、二人で教室を抜け出し、トイレでお互い気合いを入れた。吐きそうになりながら、教室の扉を開けて僕らは飛び出した。

「はい、どーもー……」

教室の後ろには生徒の保護者が並び、僕の母ちゃんも来ていた。もちろん僕の好きなあの娘も見ている。あの娘僕が漫才したらどんな顔するだろう。緊張しすぎて、やってる最中そんなこと一切確かめる暇なかったよ。

無事にネタが終わり、思いのほかネタもウケて、みんなから拍手を貰い、人生初めての漫才は終わった。

最後のホームルームが終わった後、クラスで一番面白い顔の、あべちゃんこと、たくろうが話しかけてきた。（巨人の阿部慎之助そっくりだから、皆にあべちゃんと呼ばれていた。実家がとんかつ屋で、遊びに行ったらめっちゃサービスしてくれるのだ）

あべちゃんは、テレビしか知らない僕にラジオの面白さを教えてくれた。水曜と金曜は、録音した『オールナイトニッポン』のMDを昼休みに一緒に聴いた。『ナインティナインのオールナイトニッポン』で、岡村さんがジャネット・ジャクソンになりきってめちゃくちゃ下ネタを言うコーナーがあって、これは女子に聴かれたらヤバいと、このコーナーだけはトイレで聴いていて、毎回腹ちぎれるぐらい笑った。もちろん二人ともゴリゴリに坊主頭で童貞。童貞坊主二人が隠れてトイレにこもって身を寄せ合ってラジオ聴くって、今思えばやばすぎる光景だ。こんな姿、女子に見られてたら一発で気持ち悪がられてたな。

そのあべちゃんが漫才終わった僕の方に寄ってきて、

「坂田くん、芸人になるよ！　絶対なるよ！」

って言ってきて。まるで未来を予言するどころか、もう決まってるような言い方で。

僕はドキッとして。だって芸人になるなんて、恥ずかしくて誰にも言えなかったたから。知ってたのは、藤村先生と鶴と、漫才を一緒にやった仁志ぐらいだったはずだ。

「いやいやー、ならねえよー、警察官なるよ、俺」

そんなこと言ってごまかして。

でもあべちゃん見たらふざけてなくて、真面目な顔して言ってんだもんな。真面目な顔の方がおもしれーんだもん。ずりーよな。

その後の卒業アルバムにも、「面白い芸人になってください」って書かれてて。なんで勝手に決めてんだよ。すげー嬉しかったよ。

母ちゃんからは、

「まあ内容はともかく、抑揚《よくよう》と滑舌《かつぜつ》をもっと良くしないとダメやね。腹式よ、腹式」

という嘘みたいに手厳しい的確な助言を貰った。


好きな永田さんには、漫才の感想を聞く勇気はなかったけれど、どうしても一緒に写真だけは撮ってほしかった。でもそれを言うのにも1時間以上かかり、ずっと待たせてた友達に怒られた。

ようやく勇気を振り絞って撮らせてもらった写真には、笑顔でピースする彼女と、最高に引きつった真顔の僕がいて、ドラマチックにはほど遠い高校生活のラストだった。

この
高鳴りを
僕は
青春と
呼ぶ

6　僕達は僕達をすてた

2006年4月。そして僕は大学生になった。福岡大学。学生数2万人。九州一の規模を誇るマンモス大学。僕を待ち受けていたのは活気と夢に溢れる、キラキラと輝くキャンパスライフ。人生の夏休み。オレンジデイズ。

そんなわけなかった。

福岡大学までの道のりは、実家の最寄り駅から特急列車で1時間。そっからさらに電車に乗って、途中地下鉄に乗り換えたりで、毎日往復3時間。なんでだよ。遠すぎるよ。

かろうじて、同じ学部の何人かと仲良くなれたが、そもそも大学生活を楽しもうとする気がなかった僕は、サークルなんか入ったら終わりだと、友達からの誘いも拒み何にも入らなかった。僕はバカ騒ぎして浮かれてるお前らとは違うんだと、自分に言い聞かせ、無理に強がった。ただ長い時間をかけて授業を受けに行き、長い時間をかけて家に帰るだけの日々が続いた。

学部は違ったが、同じ福岡大学に行った鶴は、一年の前期には大学をやめた。バンドで本格的に食っていきたいからと。いや、お前から誘ったのに、ふざけんなよ。鶴にやめることを言われた時、怒りはなかった。ただ羨ましかった。好きなことに、やりたいことに夢中になれているこいつが、羨ましくて羨ましくてしょうがなかった。こいつは覚悟を決めたんだ。人生を音楽に賭けたのだ。そして僕は諦めた。もうこいつと一緒にお笑いをすることはないのだ。

それからは毎日、毎日、なにやってんだ、なにやってんだって。やりたいことがあるのに、それをもう知ってんのに、何もできない何もやれない自分がもどかしくて悔しくてたまらなかった。大学をやめる勇気も、東京に行く勇気も、一人でなにかやる勇気も。

所詮、夢は夢で、ただの甘い戯言だったのだ。お前には何もないんだ。口ばかりで何もできやしないじゃないか。考えたくなくても、そんなことばかり考えてしまう、虚無感と焦燥感。電車に揺られる膨大な時間の長さが、見事にそれを加速させた。

大学を卒業したら芸人になるのは決めていた。からっぽの日々の中で、その想いだけは無くならなかった。在学中に少しでも、路上ライブでもいいから、なにかお笑いがしたい。誰かコンビになってくれる人はいないかと、周りの友達や知り合いに声をかけまくった。

地元の中学や高校の友達でめぼしいやつにはみんな声をかけたけど、福岡はお笑い文化よりも音楽文化が強く、バンドをやる人はいても、お笑いをしようという人は誰もいなかった。それに僕のお笑いに対する熱量をみんな知ってたから、僕の「軽く一回やるだけでも」の誘いには誰も応じてくれなかった。

＊

入学して1年が経った。大学二年生になった僕は相も変わらず、何者でもなかった。

結局誰も相手は見つからず、一人でやる勇気も出ず、諦めていたところに、急にそれはやってきた。

仲のいい友達が、「俺の友達にとびきり明るいやつがいる」と紹介してくれた。待ちに待った、まさに千載一遇のチャンス。僕はすぐに「紹介してくれ」と飛びついた。会う約束をとりつけ、大学の真ん中に位置するゼミ棟の前で待ち合わせした。

時間になってもなかなか来ないなと思って待っていると、「ごめんごめん」と、遠くからかん高い声とともに一人の男が近づいてきた。短く切った茶髪に、日焼けした色黒の顔。上下茶色のスウェットを身にまとった男。1年間待ちに待った待望の相方候補、少女マンガのヒロインのような気持ちで理想を高くして待ち望んだ王子様……。

うんこにしか見えなかった。遠くから等身大のうんこが僕に近づいてくる。おいおい、こいつじゃないよな。僕の相方はもっとカッコよくてお洒落で、二人で若い女の子にモテモテのスーパールーキーとしてデビュー……。

「ごめん、遅くなって！　坂田くんやろ？」

終わった。水に流れず、僕の目の前で詰まったうんこの名は、信清《のぶきよ》。今現在も相方として僕の隣にいる。待ち焦がれた運命の相手は白馬の王子様どころか、博多のうんこ様。19歳の夏、ロマンチックの欠片もなく僕らは出会った。

それから僕らは時間が合えば、ライブの予定もないのにファミレスでネタ合わせをし、談笑した。気の合った僕らは急速に仲良くなった。

お笑いは好きだ。ネタ番組も新喜劇もよく観ている。学校の先生になろうと教職の講義も受けているが、お笑いにはもともと興味があった。野球も好きだ。プールの監視員のバイトをしているから日焼けしている。僕と同い年。男子校出身。双子。母親がハリガネロックの追っかけをしていた。

いろんなことを聞いた。いや双子かい、と思ったが、その後の「母親がハリガネロックの追っかけ」というパワーワードには敵わない。血筋からお笑い好きのやつは信頼できる。

しかし、出会ったばかりの人にネタを書いて見せる時の恥ずかしさたるや。まるで自分の恥部を見せるかのような。顔からメラゾーマ。加速する心臓の音しか覚えてない。

確か、最初に見せたネタは漫才で、「ヒーローの初出勤」というテーマだった。初めてヒーローとして敵に挑む日の、玄関先での母親とヒーローのやりとりという内容だった気がする。高校の卒業式の日にやった、「担任の先生の頭を辞書にする」という漫才から、だいぶポップになったものだ。大学生になり少しは垢抜けたのだろうか。しかし、カラオケ代もなかった僕らの練習場所は決まって、個室トイレの中。大学の外れに誰も使ってないトイレがあり、そこの中でギュウギュウ詰めになって練習してた。高校の時に、隠れてトイレで深夜ラジオを聴いてた時となんら変わらない。秘め事のようにコソコソと、まるで秘密基地かのように。お笑いがやりたくてもやれなかった地獄の日々が続いた僕にとっちゃ、ネタ合わせは楽しくて楽しくてしょうがなく、まるで天国のような日々だった。

しかし人前で見せる予定なんて一切なく、どこでやるわけでもないネタを、練習する日々が続いた。

この
高鳴りを
僕は
青春と
呼ぶ

＊

休日の街は華やかだ。平日のスーツと制服にまみれたモノトーンの景色にはない、解き放たれた彩りに溢れてる。通過する電車の音に、浮かれた笑い声が混ざり、街が活気づいていく。キャッキャとはしゃぐ女子高生達がクレープを片手に休日を満喫する中、若い男二人はネタ帳片手にえずいていた。

とうとうこの日が来た。初ライブの日だ。コンビで最初のライブは、西鉄久留米駅前での路上ライブ。僕の実家の最寄り駅から電車で20分。松田聖子、藤井フミヤを輩出した街。ミュージシャンを多く生み出しているだけあって、周りを見渡せば路上ライブしてるのはギターを抱えた弾き語りの歌うたいばかり。今からここで漫才をするのはどう見ても僕達だけみたいだ。

初ライブといっても、屋根も舞台もない、自主的な路上でのライブ。たまたま友達にアマチュアでお笑いをやってた同い年の「オインゴボインゴ」というコンビがいた。ライブの予定もないのにトイレで謎のネタ合わせを続ける僕らを不憫に思ってくれたのだろう。そのオインゴボインゴがありがたいことに駅前での路上ライブに誘ってくれたのだ。

しかし、まさかいきなりこんな機会が来るとは。コンビでの初めての人前でのネタ見せ。死ぬほど緊張した。一回だけだが卒業式の日に教室で漫才したことがある僕でも今すぐに気絶しそうなのに、信清は大丈夫なのか？　隣でえずいてる信清に人前は初めてかと聞くと、

「体育祭のリレーでおっぱい着けて逆走したことはある」

根明《ねあか》すぎるだろ。体育祭でそんなこと、根っこから明るくないとできないよ。僕だったら恥ずかしくておっぱい着けることすらできない。なんて頼もしいんだ。じゃあ、なんでえずいてるんだ、こいつ。

僕らのコンビ名は「僕達」。ネタ合わせはしていたものの、コンビ名は決めてなかったから急いでライブ前に付けた。どーもー、僕達、「僕達」です。っていうツカミをするためだけのコンビ名。なんてしょーもない。

決まっているお客さんは、誘ってくれたオインゴボインゴの伊藤君の彼女と、その彼女の友達の二人のみ。二人だけでは心許ないので、皆で分かれて駅前の通行人の方々に声かけをした。

「あの……今からそこで漫才するん……」

「すいません……あのー……」

話を聞いてくれるどころか、足も止めずに無視されて素通りされていく。それもそうだ。まず、僕の声が小さすぎる。引きつった顔で弱々しく「漫才どうですか」って、誰が見たいんだよ。大丈夫か、おい。

結局、僕は誰一人呼べなかったが、オインゴボインゴの二人が頑張ってくれたおかげで一〇人近くのお客さんが集まった。

いよいよだ。初めての路上ライブが始まった。まず最初にオインゴボインゴがネタをした。普通こういうのは誘ってもらった僕らからするのが礼儀だろうが、初めてすぎる僕らに最初に見本を見せてくれたのだ。さすが、何回もやってるだけあって軽快にお客さんの笑いをとっている。今、出会ったばかりの知り合いでもなんでもない若い女子高生、小学生、サラリーマンのおじさん、買い物帰りのお母さん。教室で友達に見せるのとはわけが違う。それなのにさらりと軽快に笑いをとっていくさまに、同い年なのにすこぶる感動してしまった。

感動したのもつかの間、そうこうしてるうちに僕らの出番がやってきた。

「次はこのコンビですー」

呼ばれた僕らは、舞台袖なんて無いもんだから、ちょっと離れた階段の裏のところから小走りで飛び出した。

「どーもー僕達、僕達です……。まあ、その、2回言ってるんですけどね……」

ウケると思って言ったツカミは案の定スベり、あわてて足した謎のフォローもスベった。正直スベったとかそんな次元じゃない、単純に伝わってもいなかった。それほどに二人とも引きつった小声だった。トイレで何度も練習したヒーローの初出勤のネタをした。ネタ中も足なんかガクガク震えて、声も上ずってて、お客さんの反応を感じる余裕なんて一切なかった。

ああ、このまま、笑いもなく終わるのか。そう思った瞬間、ネタの最後のオチ前に僕達とお客さんの間をおじいちゃんがママチャリで横切った。

その瞬間、ドッと大きな笑いが起きた。何が起きたか一瞬わからなかった。ハッとして、目の前を見るとお客さんが皆、笑っていた。一緒に見てくれていたオインゴボインゴの二人も、彼女とその友達も。奇跡が起きた。ただのラッキーなハプニング笑いだったが、まるで自分達が笑わせたみたいな感覚になって。めちゃくちゃ気持ちよかった。その後はうまいことハプニングを上手にイジったりすることなんてできるはずもなく、なんだよー、こんなことあんのかよー、とお客さんと一緒に笑うことしかできなかった。それでも、めちゃくちゃに気持ちよかった。

ありがとう、ママチャリのおじいちゃん。僕の人生、じいちゃんに助けてもらってばっかりだ。

この
高鳴りを
僕は
青春と
呼ぶ

初ライブを終えた僕らはその足で駅近くのマックに走った。忘れないうちに、あの笑い声を忘れないうちにちゃんとコンビ名を付けようと思った。そして、僕達は僕達をすてた。当時、売れるコンビ名のジンクスに「ン」がつけば良いみたいなのがあり、「サンシャイン」なんて二つもついてるから良いよなと、そんなノリで。僕から提案した。二人で出し合った最終候補には、外国人の名前っぽいやつも良いよなと、アンダーソン、ジェファーソン。そしてプロレスの技からも、ジャーマンスープレックス、アルゼンチンバックブリーカー。いろいろ候補はあったが、結局二人でサンシャインに決めた。

今思うと、候補の中でもぶっちぎりでダサいサンシャインってコンビ名を選んだのが、謎で謎でしょうがない。二人ともGOサインを出したってことは、答えは当の本人らがダサすぎたんだろう。

そしてそっから、そっからいろいろ始まったんだよな。

7 神様は万能じゃない

この
高鳴りを
僕は
青春と
呼ぶ

僕らはその年の秋に、初めてM-1に挑戦した。

M-1は、2001年に始まった日本最大の漫才の大会だ。今までテレビで観ていたネタ番組の雰囲気とは全く違う、緊張感溢れる真剣勝負の格闘技に見えた。何千組もの漫才師が何回戦もの予選で鎬《しのぎ》を削り、ゴールデンの生放送の決勝大会に出られるのはわずか10組。ドキュメントタッチで放送される、ステージ裏側の闘う芸人さん達の真剣な眼差しが、14歳の僕の心臓を貫いた。面白いというのはなんてかっこいいんだろう。それはもうあまりにも魅力的で、かっこよくて、美しくて。思春期の若者の人生を狂わせるには十分すぎる光景だった。社会現象にもなり、今や国民的行事にもなったこの賞レースをきっかけに芸人を志した同世代の芸人は山ほどいる。小さい頃からの、芸人になるという朧げな僕の夢を、この大会が確固たるものにした。

信清と初めて迎えたM-1一回戦、福岡予選。路上ライブで人前で一回しかネタを見せたことのない僕らは、それはもう見事に緊張で震えて、声も上ずり、客席の方なんか全然見ることもできなかった。

普通にやっても受かるわけないと思った僕らは、インパクトのあるネタを用意し挑んだ。出番前に僕が事故で死んでしまったという設定で、僕を引きずりながら信清が「今日のためにめっちゃ練習したのに、相方が、うぅ……」と涙し、その涙が僕の身体に落ち、持ち時間の2分だけ僕が生き返り、漫才をやり終えたらまた死ぬというネタだった。

もうスベるとかの次元じゃなかった。意味不明すぎる。いや、それコントやから。今なら、冷静に引き止め、漫才の根本から説いて二人を諭すことができる。しかしあの時の僕達は、世界変えるぞ、センセーションを巻き起こせと息巻いていた。薄目で見える、僕を引きずりながら舞台に出て行く信清の脂汗の顔と、「そういうのじゃない」という冷めた会場の雰囲気に気づき、このまま永遠に死んだふりをしていたかった。

結果は、完全敗退。死んだふりどころか、即死だった。そりゃそうだよ。友達だらけの卒業式の教室とはわけが違った。それでも一丁前に悔しかった。帰り道、信清と一年後のリベンジを誓った。

*

とは言いつつも、実力をつけるにも人前で漫才をやる機会なんてない僕らは途方に暮れていた。そんな時、一緒に駅前で路上ライブしたオインゴボインゴを通して、福岡の同世代の学生達でやってる、アマチュア団体の「お笑い番長」を紹介してもらった。

このお笑い番長という団体の代表が、ピン芸人の篠原けんじ。大柄で恰幅の良い人の良さそうな感じで、歳は僕らの一個上で。篠原さんは一年生の時に、どうしてもお笑いがしたいと自分でこの団体を作った。僕が何もできずに虚無感に打ちひしがれていたのと同じ一年生の時に、この人はたった一人で大量のビラを作り、街中でビラ配りをして、ライブをやっていたのだ。

篠原さんはこの年のM-1一回戦での僕らを見て、覚えてくれていた。明らかに変な登場の仕方で、ワクワクしてくれたそうだ。思いがけないところで、瀕死の僕らなりに

この
高鳴りを
僕は
青春と
呼ぶ

一矢報いていたみたいだ。

その篠原さんを中心に、同世代の仲間達も何組かいて。学生ではなく、働いてる社会人の方達もいた。みんなで市民センターの会議室なんかを借りて順番にネタを見せ合って、ダメ出しし合った。そこはもっとこうした方がわかりやすい、そのボケは後半に被せた方がいい。その例えはもっと……と、ネタをもっと面白くするために、親身になって皆が皆、意見を出し合った。今までこんなに真剣にまじめにお笑いを語り合う仲間はいなかったし、なにより自分達以外でこんなにお笑いが好きな人達と一緒にいることはなくて。何も考えずにずっと遊んで笑ってた小学校の休み時間のように、とびきりに嬉しくて楽しくて仕方なかった。

週末の休みには、近所のライブハウスでライブをした。会場の席も自分達で並べ、チケットも手作りで用意し、大学や地元の友達、バイト先の人、道でみんなで声かけをしてお客さんを集めた。チケット500円でも全くお客さんが入らず、お客さんより出演者の数の方が多い時も何度もあった。仲良い友達を呼んでも、全くウケずに友達に気を遣わせた揚げ句、「まあなんか伝わりづらいネタだったしな」と地獄のような言い訳をして、そのたびにあまりのダサさに気絶しそうになった。

それでもライブ終わりの打ち上げでは、そのスベりさえも皆でイジり合って。全てのダサい夜をガハハと笑い飛ばした。

お笑い番長にいた芸人の中でも、「土居上野《どいうえの》」、「サボテン」の2組とは、同い年ということもあり、すぐに仲良くなった。今までこんなにお笑いが好きな同級生なんていなかったもんだから、それだけで嬉しくて。一緒にライブに出てネタ対決したり、企画コーナーでふざけ合ったり。ライバルでもあり仲間でもあり友達でもあり、なんだか特別な、味わったことのない友情を感じた。

自分達でやるライブ以外にも、知り合いに頼んで、大学の学園祭に出たり、地元の祭りなんかでネタをすることもあった。今でも強烈に覚えているのは、筑豊飯塚《ちくほういいづか》での町祭りのことだ。

飯塚は、お笑い番長の先輩「桜ミントカフェ」さんの地元。僕の地元のみやま市にも負けず劣らずの田舎で、初めて来たはずなのになんか懐かしい感じがする、のどかでステキな町だった。出演する芸人はお笑い番長代表の篠原さん、土居上野、そして僕らサンシャインの三組。僕ら三組が順にネタをやるって感じのライブだった。ギャラ

この
高鳴りを
僕は
青春と
呼ぶ

なんてもちろんなく、祭りの企画などを担当するおっちゃんから「これでなんでも食べていいから」と、手作りの出店の無料券みたいなのを大量に貰った。万歳だ。

僕らがやったネタはいつものライブでも評判のやつで、お客さんの手応えも上々で、僕ら的には自信があった。

ただ、お客さんが、いつもライブに来てくれる若い同世代のお客さんじゃなく、小さい子どもとじいちゃんばあちゃんしかいなかった。まず誰も僕らに興味がない。有名人ならまだしも、名もなきズブの素人の兄ちゃん達の漫才に、そりゃ興味なんてあるわけがない。真ん中に座ってるちゅるちゅるパーマのおばあちゃんはずっと焼きそば食べてる。おっちゃん達はビール片手に焼鳥食べてるし、ちびっ子達はギャーギャー走り回ってチャンバラなんかやってる。そんでもって、ネタ中に舞台上におばちゃんがタコ焼きを持ってきたり、ちびっ子が食いかけのりんご飴を持ってきたりした。そんなハプニングに上手く対応して笑いに変えることもできず、「いやいや……ちょっと……」と、自分達の冷や汗で溺れかけた。りんご飴をくれるちびっ子は天使のように可愛かったが、僕らはすっかりハートが折れてしまった。今までライブハウスや学園祭でしかやったことがなかったから、地方のお祭りのステージの怖さを思い知った。

でも、その後、僕は笑いの神を見たんだ。小さな町の小さな祭りで。確かに見たんだよ。

ライブの最後に、MCをしていた桜ミントカフェの大塚さんが、僕らのネタで冷え切った場の空気をなんとかするために、急遽ネタをすることになった。舞台袖に置いてあった刀を手にし、大塚さんが言った。

「こうなったらもうブリーフ侍しかないな……」

……？　ブリーフ侍!?

覚悟を決めた感じで大塚さんはおもむろにズボンを脱ぎだした。そしていざという時のために用意していたであろう、白い、それはそれは雪のように真っ白なブリーフと、チョンマゲのカツラをバッグから出し、おもむろに装備した。舞台袖で上は背広、下はブリーフ、頭はチョンマゲでタバコを吸って出番待ちする大塚さん。あれにはまいったな。だってそんな格好なのに、目を細めてさ、すっげえ男前な顔で煙を吐くんだもの。

舞台から飛び出たブリーフ姿の大塚さん。その瞬間、あそこにいたみんなから笑い声が飛び出た。さっきまで走り回ってちびっ子達が、

「ブリーフ！　ブリーフ!!」

っつって腹抱えて笑ってる。つまらなそうな顔してたおっちゃん達も手叩いて笑って、ちゅるちゅるおばちゃんも焼きそば食べる手を止めて笑ってたよ。

僕は、これはちゃんと見なくちゃいけないと思い、舞台袖から客席の一番後ろに回り込んで、真正面から観た。ホントに面白かったな。なんだか涙が出そうになったよ。隣で大塚さんの相方の一平さんもガハハと笑ってた。

たぶん、神様ってのは万能じゃない。たぶん、分野ごとに分かれていて、例えば勉強の神様は分厚いメガネかけてて片手に辞書持ってさ。恋の神様はほっぺが赤くてハート型の弓矢なんか持って。そんで笑いの神様はブリーフ一枚なんだよ。それも真っ白な。絶対そうだよ。そうに決まってる。だってこの目でしっかり見たんだ。

ブリーフ侍をやった大塚さんは、いつもはコピー機を売る営業のサラリーマンだ。この日も本当は仕事があって、お客さんのとこに営業行ってきますって上司に嘘つい

て、ここに来たって。

「これがバレたら俺クビだな」って。

まさか上司も自分の部下がブリーフ一枚で侍やってるって夢にも思わないだろう。

それでも、確かに20歳のクソガキは感動した。もう今から戻っても会社間に合わねえよと、ニカッと笑うくしゃくしゃの笑顔がとてもかっこよかった。誰よりも素敵だった。

8　左手で掴め

年が明け、2008年1月。

僕がこの世で世界一好きなミュージシャン。銀杏BOYZ。峯田和伸。その中学から大好きなバンドのライブに、やっと初めて行くことができた。ライブチケットは毎回即ソールドアウトで、やっと全国ツアーで福岡に来るということで、僕は鬼の形相で実家の電話に向き合った。なんとかチケットがとれ、やっと、やっと観れるのかと。ライブ前日からテンション上がりっぱなしだったよ。

周りには誰も一緒にライブに行くような友達や知り合いはおらず、一人っきりで参戦した僕は緊張と興奮で、気が気じゃなかった。気持ちを鎮めるために、始まる前から生ビールを3杯飲んだが、いっこうに効き目はなかった。

会場のZepp福岡のど真ん中に立ち、心躍らせながらその時を待った。オープニングのSEの音がどんどん大きくなる。周りの歓声が一気に上がり、メンバーの四人が出てきた。本物の銀杏BOYZだ。

ライブは、僕が中二から6年かけて上げに上げまくったハードルを悠々と越えてくれた。最高だった。最高以外の何ものでもなかった。もっとこの感動を伝えたいけど、悔しいかな、今の僕はこの感動をうまく表す言葉を知らない。何かに例えたら、とたんに陳腐になってしまう。ちくしょう。

この人の唄は、めちゃくちゃで、暴力的で、情けなくて、叙情的で、切なくて、悲しくて、剥き出しで、衝動的で、とにかく優しいんだ。意味わかんねえと思うけど、聴いてみたらわかると思う。

大好きな「BABY BABY」が鳴った時、テンション上がってダイブしたら、着地に失敗し、柵を飛び越えてステージのスピーカーのある手前辺りに思いっきり右ひじをぶつけた。

その瞬間、前のめりで歌う峯田さんの顔がすぐ目の前にあった。

憧れのあの人がこんな目の前に、と驚いたが、怒られると思ってすぐに飛びのいて、ダッシュで逃げた。2週間ぐらい経っても痛みは全然引かなかったから、骨かなんか

この
高鳴りを
僕は
青春と
呼ぶ

がどうかなってたんじゃないかな。
それでもそんな痛みなんか感じる暇もなく、とにかくライブはすごくて、2000人のお客さんが踊り狂ったり、感動したり、泣いたりしてる。すごいことだ。
僕は一人の男として、彼に嫉妬した。ステージ上で唄い叫ぶその姿が、あまりにかっこよくて、とても羨ましかったんだ。

そしてそれを見た20歳のクソガキは、何を血迷ってか、数日後に控える成人式で一発やってやろうと決意した。

その前年に、僕が住んでいる町が合併して、みやま市という名前になった。僕は「なんだよ、みやまって変な名前だな。ひらがなだし、もっといい名前あるだろ。これじゃ、田舎丸出しだよ」と、不満たらたらだった。1ヶ月ほど前に、そのみやま市から成人式の挨拶を頼まれた。挨拶の言葉は向こうの人が考えてくれるって言うし、ただ読むだけなら、と簡単にOKした。そしたら実際は話が違って、挨拶の言葉は自分で考えてくれってことだった。おいおい、もう時間ないぞ、どうすんだよと。しばらく頭を抱えたが、どうせやるなら、なんかやらかしたいなと思った。

拍車をかけたのは、正月に観た銀杏ＢＯＹＺのライブだ。あんなの見せつけられたら、とてもじゃないけどじっとしてられないよ。成人式なんて、やらかすにはもってこいの場。それで僕は決めた。

「よし、一発ギャグをしよう」

一瞬想像しただけでも吐きそうになるぐらい緊張する。だって、ステージで暴れたりするやつはいるけど、一発ギャグするやつなんて聞いたことないし。それに空気的に１００％スベるに決まってる。むしろ後で市役所の人達に死ぬほど怒られるよ。新成人代表が、なに気合い入れてふざけてんだって。

でも、やる。別に意味はないよ。ただやりたいだけ。それで十分だ。

前日のリハーサルでは真面目に挨拶をした。だってここで事前にやったら止められるに決まってるから。役員のおじちゃんが気を遣って、
「落ち着いて言えば大丈夫。緊張したら、みんな野菜だと思えばいいんだよ。みんな

この
高鳴りを
僕は
青春と
呼ぶ

かぼちゃだ、ガッハッハ。頑張ってね坂田くん」

と優しい言葉をかけてくれる。

ごめんなさい、僕はあなたを裏切ってしまいます。

*

成人式当日。早めに会場入りしてリハーサル。スーツ姿のお偉方がみんな怖く感じる。リハーサルは難なく終了。

いよいよ成人式が始まった。会場いっぱいの500人もの新成人。振袖姿の女の子はみんなキラキラしてて、眩しいぐらいに輝いてる。生まれてきてくれてありがとう女の子。僕ら男はいつだってあなた達の虜だ。振袖ガール達をじっくり見ていたかったけど、緊張でそれどころじゃなかったよ。かぼちゃになんて1ミリも見えやしなかった。

僕の席は、一番前のど真ん中。しかも周りは全然違う校区の人達で、アウェー感がハンパじゃなかったよ。僕の校区の友達はというと、合併した町の中でも一番小さい学校だったから、席は会場の後ろの方で。肩身せまく息を潜めて陣取っていた。

おかげで僕は一人、嘘みたいに孤独だった。僕はたまらず全然知らない隣の女の子に話した。

「実は挨拶の途中で一発ギャグをします。挨拶した後に周りや役員の人達から白い目で見られて、あなたにも迷惑かけるかもしれません。ごめんなさい」

普通だったら、いきなりこんなこと言ってきたら引くだろうけど、なんとこの娘は、泣きたくなるぐらい可愛い笑顔でこう言ったんだ。

「そうなんですか！　期待してます。頑張ってくださいね！」

これにはまいったな。こんな変なやつに、なんて優しさなんだ。名前も知らないけど、この娘だけは笑わせなきゃと思ったよ。そんでもって今にも朝ドラに出てきそうな純真無垢な顔でさ、とびきり可愛かったんだ。彼女の名前は、純情きらり。まちがいないよ。


式は順調に進んだ……かのように思えたが、そんなわけなかった。

もうすぐ僕の出番って時に、派手な袴《はかま》着たヤンキー達が五、六人、扇子あおいで一番前の席まで降りてきた。まるで仕組まれた台本のように、最高のタイミングで出てきた田舎の醍醐味たち。

この
高鳴りを
僕は
青春と
呼ぶ

おいおい、マジかよ。市長や、地元を代表する衆議院議員の古賀誠のＳＰなんかがピリピリしだした。会場もどよめきだした。こいつら暴れるんじゃないか。言いようのない不安が会場を圧迫している。

そして、こんな時に限って絶好のタイミングで僕の番が来た。勘弁してくれよ。いつもそうなんだよな。嫌になるよ。

恐る恐るステージに上がり、読み始めると、案の定ヤンキー達がやじってきた。

「ひっこめー！　マジメか！　はよ終われや!!」

僕がいったいお前らに何をしたって言うんだ。ふざけんなよ。今にも折れそうな心を繋いだのは、朝ドラの女神の笑顔だ。僕は言った。

「……というわけで、皆様には本当に感謝しています。……えー、実は僕にはお笑い芸人という夢があります。ここで、私の方から新成人の皆様に、新成人応援一発ギャグの方を送りたいと思います。すいません市長、少しお時間いただきます」

市長や関係者の大人達は口を開けて僕を見てた。だってリハーサルじゃなにも言ってなかったんだから。

振り返って、新成人に向かって言った。

「では一発ギャグします。

えーと……お箸を持つ方が右で、夢を掴むのが、ひだりぃぃ――!!」

一瞬にして静まり返る会場。そしてその次の瞬間、聞こえてくる笑い声。

ウケた。奇跡が起きた。この言葉だけ見てもウケたのが信じ難いだろう。絶対に成人の挨拶ではありえないこの緊迫した状況で、一発ギャグという異常な出来事が笑いを誘ったのか……しかし、奇跡は起きたのだ。

そして、その後振り返って普通に真面目に文の続きを読むっていうボケをした。これがお世辞抜きにとてもウケた。拍手まで起きた。ヤンキー達によるピリついた張り詰めた空気を壊してくれた、お礼のような拍手だったたかもしれない。

僕は背中で手応えをビシビシ感じて、すごく気持ちよかった。ふと横を見ると、古賀誠が手を叩いて笑っていた。笑いの感性若いな、古賀誠。70近いはずだぞ。

この
高鳴りを
僕は
青春と
呼ぶ

＊

そんなこんなで成人式の挨拶は大成功だった。席に戻ると、朝ドラの女神こと、きらりちゃんが「面白かったです」と褒めてくれた。「君のおかげさ」と心で呟いていたが、現実にはもちろんそんなことは口に出せず、「あ、あ、ありがとうございました」とどもりながら会釈するのが精いっぱいだった。

式は無事終わり、ああ、この後呼び出されて大人達に怒られるな、と覚悟していたところ、古賀誠がわざわざ僕の方にやって来て握手してくれた。「夢を諦めずに頑張ってね」って。なんて熱い人なんだ。一番偉いであろう古賀さんがやったもんだから、後に続けと市長やら役員の大人達が次々と握手しにきた。なんだか変な感じだったけど、結果、怒られずにすんだ。

地方新聞の記者にも取材されて、その後新聞の「新成人の誓い」みたいなコーナーにも載った。他にも載った何人かの新成人の、医者になり全ての病気を治したいやら、教師として未来の子ども達のためになりたいやら、立派な夢が並ぶ中、「プロのお笑い芸人さんに」という見出しの下に真顔で映っていた。

同い年達の素晴らしい夢の中で、一人だけ「将来は芸人さんになりたいです」という小学生みたいなノリがめっちゃくちゃ恥ずかしかった。

取材が終わり、やってやったぜと自慢げにトイレに行き、用を足していると、さっきのヤンキー達に囲まれた。一気に血の気が引いた。ああ僕の人生ここで終わるのか。

ありがとう朝ドラの女神。君の笑顔が最後に見れてよかった。

用を足す僕の顔面の真横10センチで完全にメンチを切ってるヤンキーに、絶対に目を合わさずトイレを出た。合わせた瞬間に命はないからだ。トイレを出た瞬間に、ダッシュで地元の友達のところに逃げ、「車出せ！　早く!!」と、友達のワゴンRに乗り込んだ。最高にダサかった。あの日のワゴンR、時速500キロは出たんじゃないかな。

地元の友達や初恋のあの娘や小学校の先生達はどう思っただろう。あー、しばらく見ないうちに光君ずいぶん頭おかしくなったんだな、と思ったかな。そんなことない。頭がおかしいのは昔から。ただ、ほんのちょっとだけ勇気がついただけだ。20年かかったけど。

家に帰ってその日のことをばあちゃんに話した。意気揚々と、いろんな人に褒められたと自慢した。そしたら、ばあちゃんはこう言った。

「よかったやんねー。これで市役所にいいコネができて。あんたは公務員になりなさい。そげんかとは宴会ですりゃ良かけん」

僕の激動の成人式は、「そげんかと（そんなもん）」の一言で軽くあしらわれた。大

この
高鳴りを
僕は
青春と
呼ぶ

ファンの氷川きよしと僕が共演するまでは、一生ばあちゃんに褒められることはないだろう。

9 いつのまにかどこか消えていったよ

2008年10月5日。日曜日。朝から雨が降っていて、少し肌寒かった。1年ぶりの、その日はM-1福岡予選。夏はまだ終わらない。

その頃、僕はもう実家を出て、念願の一人暮らしを始めていた。朝、家でシャワーを浴びながら舞台本番のイメトレしたら、緊張で歯がカチカチするほど震えた。心臓の音がアパートの隣の部屋まで聞こえるんじゃないかっていうぐらい。こんなにドキドキするのはやっぱりこの日ぐらいだ。

前日の夜に信清の母ちゃんが作ってくれたおにぎりを食って、そっからいつものように食パンにピーナツバター塗って、いつものようにコーヒーを飲んだ。

この
高鳴りを
僕は
青春と
呼ぶ

外はまだ雨が降っていて、肌寒くて、いつものように半袖で家を出たことを後悔しながら自転車を博多までシャカシャカ漕いだ。

途中、最後のネタ合わせもかねてカラオケに。声出しだっつって、二人で唄う。なんだか知らないけど、とりあえず僕らの一発目は鈴木あみの「BE TOGETHER」。僕はMVに映るいつものように可愛い鈴木あみに僕らはすっかり見入ってしまったよ。僕は銀杏BOYZの「青春時代」を唄って、カラオケの採点ランキングで全国で一番になった。なんだかやれそうな気がした。信清にスタンディングオベーションを貰うも、点数はたったの76点。この曲での採点ランキングの参加人数は三人。日本に僕以外に青春時代を過ごしてるやつが二人いる。今度三人でボウリングでも行こうや。

大博多ホールに着くと会場にはもうお客さんが沢山。僕らは最後のグループだったから、もうほとんどの芸人のネタが終わっていた。

出番前、緊張のせいか何回もトイレに行っては生あくびが出た。番号が呼ばれて、僕らは舞台袖に並んだ。水を飲んでも飲んでも喉がカラカラになる。この感じ、この感じだ。何回やっても慣れない、僕をやみつきにするこの時間。たぶん僕は死ぬまでこれを味わいたいんだと思う。

僕らは舞台に飛び出て、2分間を駆け抜けた。この一年間の全部をぶちかました。

ネタが終わってもドキドキがしばらく続いた。

150組参加の今年は、5時間30分の長丁場。夕方6時過ぎに結果発表が始まった。一緒に受けたお笑い番長のメンバーは固まってみんな会場の真ん中に座ってたけど、僕は怖くて一人で会場の後ろの通路でしゃがんで祈ってた。

発表が始まって、合格者のコンビが次々呼ばれる。その中に土居上野の名前があった。大声で叫んでガッツポーズする土居ちゃんが、むちゃくちゃかっこよかった。僕が女の子だったら間違いなく好きになってる。

それからも会場のところどころで歓声が沸いて、一緒に頑張ってきたサボテンや、他の番長メンバーも次々に呼ばれていった。

最後の最後に、「2030」って番号が呼ばれた。僕らサンシャインの番号だ。ワーッと歓声が上がって、真ん中で信清と上野が肩組んで喜んでた。僕はそれを見てなんかおいてけぼり感がハンパじゃなかったけど、とりあえず安心した。ひたすら安心した。そっから走って階段降りて、みんなと良かったな、っつって抱き合った。

なにより嬉しかったのは応援しに見に来てくれた人達が、僕達以上に喜んでくれた

この
高鳴りを
僕は
青春と
呼ぶ

こと。僕は自分のことばっかりで、良かった良かったたって、そればかりでちゃんとお礼が言えなかったよ。とんだクソやろうだ。

でも本当のこと言うと、僕は悔しかった。
素直に喜べばいいものの、やっぱりどうしても一番の爆笑が欲しかった。もっと、なんかできたんじゃないだろうか。もっと、上手く見せられたんじゃないだろうか。もっと、もっと。今回の反省を生かし次だ次と、前向きにポジティブに考えればいいんだけど、反省っていうより、いつもこんな感じにネガティブになってしまう。なんで嬉しい時にもっと素直になれないんだろう。悔しい時は、ひたすら素直に剥き出しで悔しいのに。なんて損な性格だ。信清、あいつ泣いてたな。なんて得な性格だ。

そして、迎えた初のM‐1二回戦。福岡の田舎もんが満を持して挑んだ、東京での二回戦。会場のラフォーレ原宿があまりにもお洒落すぎて、やる前からもう圧倒された。楽屋には、テレビで何度も観たことある漫才師たちが普通にいて、舞台からはバンバン笑い声が聞こえてくる。見えるもの聞こえるもの全てが緊張を加速させていく。フワフワした気持ちの中飛び出した、二回戦の舞台。

僕らはめちゃくちゃにスベった。

嘘だろ。福岡ではウケたのに、なんでだ？　なんでだ?!　漫才中に何度も頭の中で問いかけた。初めての二回戦、ウケるどころか、なにも爪痕を残せなかった。

結果、僕達だけでなく、土居上野もサボテンも、お笑い番長のメンバーはみんな二回戦で敗退した。そんな甘いわけがないのも重々知った上での厳しすぎる現実に、案の定ぶっとばされた。王者への道はあまりにも険しい。一回戦、二回戦、三回戦、準々決勝、準決勝、そして決勝。それを全て勝ち抜いたたった一組だけが、王者になれる。いったいあと、どれほどの熱量と時間と労力と運と、人生を捧げなければいけないのだろう。考えただけで途方に暮れて目眩がする。しかし、だからこそ尊く、美しく、こんなにも生命を燃やせるのだ。

この
高鳴りを
僕は
青春と
呼ぶ

東京から帰ってからも、お笑いの日々は続いた。気づけば、周りの友達は皆スーツを着て、就活に励んでいた。僕らは大学を卒業する時期になっていた。早々と就職先が決まって残りの大学ライフを楽しむ者もいれば、なかなか内定がとれずに焦っている者や、留年が決まって逆に開き直っている者もいた。そんな中僕はというと、単位がギリギリだったもので、四年生というのに新入生ばりにフルで講義を入れ、講義が終われればバイトして、休みの日はひたすらお笑いに明け暮れた。これが僕の就活だと言わんばかりに、明け暮れた。就職先なんて小さい頃からとっくに決めていた。

大学卒業を控えた、2010年3月。僕の福岡でのお笑い活動の集大成となるライブがあった。

サンシャインの初めての単独ライブ。僕達だけのライブ。二年半、サンシャインで福岡でやってきた全部を一回出しましょうってことで、初めて父ちゃん母ちゃん、ばあちゃんをライブに誘った。どうしても見てもらいたかった。父ちゃんとばあちゃんは、僕がお笑いやるのにずっと反対だったから。

父ちゃんとの確執が生まれたのは高三の夏のことだった。剣道部だった僕は地区大会の後の打ち上げの席で、同じ剣道部の友達と出し物をした。漫才の真似事というか、漫才っていうほどでもない、二人で先輩のモノマネや、日頃起きた剣道部でのエピソードを大げさに話すぐらいの出し物。会場には保護者やOBを含め、100人ぐらいいたと思う。死ぬほど緊張したけど、思いのほかウケて楽しんでもらえて気持ちよかった。終わってからの酒に酔った保護者のおっちゃん達の、「面白かったぞー！　吉本入れー！」ってヤジもすごく嬉しかった。


　ただ、その帰り道に事件は起こった。その日はベロベロに酔った父ちゃんと一緒に、友達ん家《ち》の車で送ってもらった。前には友達の両親が乗っていて、後ろには友達と僕と父ちゃんで、ギュウギュウに座っていた。そんな帰り道に、父ちゃんは僕にこう言った。

「お前、さっきみんなにえらいウケたばってん、調子に乗っとるんやなかか。芸人やったら、こん田んぼに、面白かごつ、飛び込めようもん」

　僕はそれを、「いや、そんなんよかけん」と受け流していたが、だんだんと父ちゃんはヒートアップしていった。

「言っとくばってん、お前が兄弟の中で一番面白くなか！　お前がお笑い芸人になんて、なれんくさ!!」


　普通、言うだろうか。そんなことを息子に、しかも友達とその両親がいる前で。

　確かに兄ちゃんや弟の方が、小さい頃から明るく社交的で人前にも物怖じせず立って話せたし、僕の方は人見知りで根暗で変に真面目で、親の前でふざけることなんて一度もなかったから。父親なりに、この子には芸人は向いてないと心配してくれたのだろう。

ただ、酔いが回ったせいか怒涛のように続く罵倒に、僕もキレてしまった。ギュウギュウ詰めの車内で、引くぐらい大声で喧嘩した。友達の両親になだめられ、その場は収まったが、家に帰ってからも喧嘩は続いた。

「友達の前で、なんであげん恥ずかしいこと言うとや！　余計なお世話やろ！」

「親に向かって、何やお前は！」

その時は、僕はまだ誰にも芸人になることは言っていなかったから、余計に腹が立ったのだろう。

それから何年か、一緒に住んでてもろくに口をきくこともなく、挨拶すらまともにしなかった。たまに話すことはあっても、お互いお笑いのことについては、全く触れなかった。


ライブ当日。地元や大学の友達、藤村先生ら恩師の方々、剣道の道場の先生、親戚のおじちゃんおばちゃん達、近所のおじちゃんおばちゃん達、いつも見に来てくれるお客さん達、芸人仲間、それこそちっちゃい頃よく行ってた地元の駄菓子屋のおばちゃんなんかも来てくれて。ライブが終わってから、会場の外でみんなに挨拶をした時、胸がいっぱいだった。藤村先生も面白かったと言ってくれた。実家と母方の、二人のばあちゃんも来てくれて。良かったよっつって、泣いて喜んでくれた。

全部で6本くらいネタをした。漫才はともかく、コントなんて変な格好で、ふざけたメイクなんかしてるもんだから。ネタのひとつの犬のコントなんか、舞台でほぼ裸でワンワン吠える孫を見てばあちゃんは何を思ったろうな。全くしょうがない孫だと思ったかな。本当にしょうがない孫だって僕も思うよ。でも見せられてよかった。

父ちゃんはというと、

「すごいな、頑張っとるやんか」

と、初めて褒めてくれた。僕がお笑いしてるところを見るのは、高三の剣道部の打ち上げ以来だっただろう。あの時、あんなボロクソに言ったことなど父ちゃんにとっちゃ遠い記憶で、すっかり忘れてたかもしんない。それでも確かに僕は、少しだけ認めてもらえた気がして。褒められることなど滅多になかったもんだから、照れくさくてこっぱずかしかったけど、確かに嬉しかった。ようやくスタート地点に立った気がした。

僕がお笑いしてるところを一番見せたかったじいちゃんは、僕が高三の時に死んだ。入退院を繰り返して、たまに実家に戻って来た時は、毎日のようにいろんなことを二人で話した。その時、僕はじいちゃんにだけ、お笑い芸人になりたいんだって相談しようとした。両親や兄弟、友達に相談する前に、最初にじいちゃんに相談するべきだと思ったんだよな。

僕が「将来やりたいことがあるんやけど……」って切り出したら、最後まで全部言う前に、

「遠回りしてもいいから。ゆっくり行け」

って言われてさ。なんだか僕のことは全部お見通しのような感じで。それでもその時は意味がわかんなくて。拍子抜けして。また話しに来るよーってってじいちゃんとバイバイした。そしたら急に容態が悪くなって、そのまま死んじゃって。最後までじいちゃんにお笑いやりたいって言えなかった。最後の言葉の意味も聞けなかった。

けど、やっとわかったよじいちゃん。なんとなくだけど、やっと。僕はあんなに大学に行ったことを後悔してたけど、そのおかげで信清に出会ったし、お笑い番長に出会ったし、大切な仲間達に出会ったし、夢中になれるものに夢中になった。空っぽだった毎日は、いつのまにかどこか消えていったよ。この遠回りが正解だったかどうかは、

ヨシモトブックス　愛読者カード

ヨシモトブックスの出版物をお買い上げいただき、ありがとうございました。
今後の企画・編集の参考にさせていただきますので、
下記の設問にお答えいただければ幸いです。
なお、お答えいただきましたデータは編集資料以外には使用いたしません。

本のタイトル

お買い上げの時期

年　月　日

■この本を最初に何で知りましたか?

1 雑誌・新聞などの紹介記事で(紙誌名　　)
2 テレビ・ラジオなどの紹介で(番組名　　)
3 ブログ・ホームページで(ブログ・HP名　　)
4 書店で見て
5 広告を見て
6 人にすすめられて
7 その他
(　　)

■お買い求めの動機は?

1 著者・執筆者に興味をもって
2 タイトルに興味をもって
3 内容・テーマに興味をもって
4 書評・紹介記事を読んで
5 その他(　　)

■この本をお読みになってのご意見・ご感想をお書きください。

[　　]

■「こんな本が読みたい」といった企画・アイデアがありましたらぜひ!

[　　]

★ご協力ありがとうございました。

post card

160 - 0022

恐れ入りますが
切手をお貼り下さい。

東京都新宿区新宿5-18-21

(株)よしもとクリエイティブ・エージェンシー
クリエイティブ本部 出版事業センター

ヨシモトブックス編集部行

フリガナ	性別	年齢
氏名	1.男　2.女	

住所　〒□□□-□□□□

TEL　e-mail　@

職業　会社員・公務員　学生　アルバイト　無職
マスコミ関係者　自営業　教員　主婦　その他（　）

そんなのはもうどうでもいいんだ。今はもう胸がいっぱいでしょうがないよ。

ばあちゃんから手紙を貰った。初めて貰ったよ手紙なんか。よく頑張ったね、じいちゃんにも見せたかった、って。でもじいちゃんも天国から応援してくれてるからな、って。そんで最後に、世の中そんなに甘くねえかんな、それでも楽しみにしてるぞ、って。

甘いんだか厳しいんだかさ、よくわかんないけどさ、またボロボロ泣いちゃったよ。

あーあ、僕は泣いてばっかだよ。男なのにカッコ悪いね全く。

早く売れてテレビ出て、ばあちゃんが寂しくないようにするよ。ばあちゃんが好きな氷川きよしと共演するよ。じいちゃんは気い悪いかもしんないけどさ。

10　上京

２０１０年４月。22歳。僕と信清は無事、大学を卒業して、お笑い番長で苦楽を共にした同い年のコンビ、サボテンと、僕らサンシャインと、四人で一緒に上京した。

四人で初めて住んだ東京の街は、江戸川区瑞江《みずえ》。ＮＳＣのある神保町《じんぼうちょう》まで都営新宿線で30分。駅に隣接してる大きなスーパーがあり、主婦の方々が頻繁に出入りしていた。買い物袋からはみ出る野菜達から、駅前に停まる自転車の数から、聞こえてくる子ども達のはしゃぐ声から。いたるところに家族の営みが感じられる。のどかさを絵に描いたような、住みやすそうな街だ。東京は一人暮らしするには家賃が高いし、経費削減で住むなら四人一緒にと、上京する前から四人で話していた。でも本当のところは、お笑い版トキワ荘というか、合宿のようなお笑い漬けの日々でいられるようにという気持ちをみんな持っていた。

そうなると張り切るのは信清で。大学でも二つのバイト先でバイトリーダーだったこいつは、俺に任せろと言わんばかりに、一人で東京で家探しをしてくれた。

その信清がいい家を見つけたというもんだから、すっかり信じきっていたら、まさかの鉄筋コンクリートの風呂・トイレ別の2ＬＤＫのオートロックのマンション。上京したての売れてない若手芸人が住むには良いところすぎる。間違いなく若手芸人の対義語はオートロックだ。家賃12万を四人で分け、一人3万。まあ安いっちゃ安いが、わざわざこんな電車で30分もかかるところに住むくらいなら、ＮＳＣの近くでこれより安く住める家はいくらでもあった。のどかで家族で住むには住みやすい申し分ない街だけど、音楽や漫画などサブカル好きの僕からしたら、憧れの下北沢や中野、高円寺に住みたかった。花の都、東京の、夢溢れる若者の街とは全く真逆の江戸川区瑞江。限りなく地元福岡の匂いがする。福岡のはしっこに生まれた僕は、東京に来ても、はしっこに。なんならもう、ほぼ千葉だった。

それでも念願の東京にテンションが上がった僕らは、駅前の「餃子の王将」で上京祝

いに乾杯した。酒が全く飲めない信清と古賀は、

「やっぱ餃子にはコーラっしょ！」

と、わけのわからないことを言ってはしゃいでいた。完全に東京に浮かれていたと思う。それから四人でマンションに向かい、僕は初体験のオートロックに感動した。なぜなら鍵なんて一切かけなくても大丈夫なスーパー田舎で育ったし、福岡での一人暮らしの時も泥棒の方からNGもらうような防犯とはほど遠いボロ小屋に住んでたから、こんなオートロックにもいちいち、

「これが東京か……」

と、感動した。僕は僕で相当浮かれていた。部屋に入ると早速、四人分の山のようにある段ボールを皆で荷ほどきした。段ボールに入ってる引っ越し道具で誰かがモノボケをし始めたら最後、夜通し僕らのモノボケは止まらなかった。疲れ切った僕らは携帯のカメラで記念撮影をした。どこか写真映りのいい場所はないかと探したら、なぜか我が家で一番明るいのがキッチンで。キッチンの前で男四人でギュウギュウに身を寄せ合い写真を撮った。写真の四人はみんなバカみたいに笑顔だった。


1年間僕らが通うNSCがある神保町は、古本とカレーと人情のある、芸術とグル

この
高鳴りを
僕は
青春と
呼ぶ

メの街で。田舎者の僕はすぐにこの街を好きになった。

東京NSC16期生として、僕らは入学した。当時テレビでは『爆笑レッドカーペット』や『ザ・イロモネア』など、お笑いブーム絶頂期。入学生は東京だけで約1000人。入学式の会場は、売れようとギラギラした眼をした若者で溢れ返っていた。会場では、スタッフをやってる先輩であろう人達の、

「一列に並べ！」

「挨拶の声ちっちぇえぞ！」

「そこ喋んな、うっせえんだよ!!」

というまるで軍隊のような厳しい怒号が飛びかった。萎縮する僕らは口をつぐみ、緊張はピークに達していた。偉い人達の挨拶も終わり、入学式も終盤。その緊張をほどいたのはある先輩芸人の挨拶。時間はほんの数十秒だった。

「てーんてれんてれん、てーんてん、うんちょこちょこちょこちょこピー!!」

静寂を切り裂き、1000人から爆笑をとったGO！皆川さんのギャグ。あまりにも圧倒的で一瞬で、嫉妬する暇もなかった。意味わかんねえよな。だってさっきまで

地獄のような空気だったのに、一瞬なんだもの。それに本当にギャグの意味もわかんねえんだよ。何回見ても意味わかんない。それでもめちゃくちゃ笑ってるんだから。それってめちゃくちゃかっこいいよ。

なんかでも、この感じ覚えてんだよな。この感覚は初めてじゃない。

そうだよ、ブリーフ侍だ。筑豊の祭りで見た、神様だ。そうだそうだ、そうだった。なんだ僕はあの時のちびっこじゃないか。姿形を変えて、神様はまたしても僕の前に現れた。ニット帽にオーバーオールの神様だ。最高に面白くてかっこよかった。何言ってんだよ、今から僕がそうなるんだろ。そのために東京に来たんだ。でも神様、これは反則だよ。

いざ入学すると、生徒は9クラスに分けられ、僕らサンシャインは6組、サボテンは9組に振り分けられた。

NSCではネタ見せの授業以外にも、ダンスや演技、発声、大喜利、トークなどいろんな授業があった。一番のメインであるネタ見せの授業は、講師と生徒の前で順番にネタを披露するシステムで、講師からダメ出しをもらったり、ネタの点数をつけられたりした。笑ってたまるかと、睨みつける同期の前でネタ見せをする日々。四人で住んでいた僕らは、帰れば酒を飲んで、今日の授業はこうだった、このボケがウケた、こんな面白いやつがいた、めちゃくちゃスベった、など、夜通し朝まで話した。そして毎日四人でクジを引いて、当たりを引いたやつは一発ギャグをする決まりを作った。なんだよそれ、全然面白くねえよ、なんて言って笑い合って。また朝まで話し込んで、バイトさぼって大喜利してパチンコして喧嘩して。

どうしようもなく馬鹿でくだらなく楽しい日々が始まった。

この
高鳴りを
僕は
青春と
呼ぶ

＊

夏になり、授業にも慣れはじめ、どんどんクラスでも面白いやつらが目立ってきた。僕らとおんなじように地元の同級生でコンビを組んでるやつ、劇団で役者をしてたやつ、元タレントのシングルマザー。元美容師、ゲーム実況アイドル、現役女子高生、元医者、元フランス特殊部隊。経歴でいったらとんでもないのがゴロゴロいた。特別な経歴はなくて地味な見た目でも、ネタになると面白いやつらもいっぱいいて、それはもう刺激的だった。

ネタ見せの授業以外で毎回ヒリヒリしたのは演技の授業だ。元々僕はドラマや映画も好きで、自分も将来ドラマや映画に出られたらいいなと淡い気持ちを抱いていた。誰かに演技を習ったこともなかったので、これはいい勉強になると思っていたら、実際の演技の授業は想像と全く違っていた。台本を貰って台詞の練習をするとか、そんなものは全く無くて。最初はマリオネットになりきって、頭、腰、両手、両足がそれぞれ糸でひっぱられているのをイメージし、身体の力の使い方を学ぶというものだった。これが意外と大変で、身体を自分の思い通りに動かすことの難しさを知った。そして次が感情解放。喜・怒・哀・楽の四つの感情をＭＡＸで表現するというもので、例えば「喜」だったら、全力のフルパワーで、

「イエエエエ——イ!!」

と、サンシャイン池崎さんばりに絶叫して喜ばなくてはいけなかった。しかもそれにオリジナルの設定をつけて面白さもプラスしなくてはいけなくて、ネタと違って事前に準備などできず、即興で講師や他の同期達を笑わせなくちゃいけないという、お笑い能力の地肩が試される授業だった。

僕は「喜」の時は、「出所したてでやよい軒に来た客」という設定で泣きながらご飯をおかわりした。「哀」の時は、「集団下校中に自分だけ犬に噛まれる中学生」の設定で大泣きした。無我夢中でやっていたので、正直なんでこんな設定にしたか全く覚えてな

い。ただ喜怒哀楽なんか関係なく、基本ずっと絶叫して泣いていたと思う。

そして、最もしびれたのが「一本橋エチュード」。これは、一対一で、お互いに一本橋の向こう側に渡るために芝居でバトルするというもので。ルールは単純で、どんな理由をつけても、どんなキャラクターを演じてもいいから、面白ければ勝ち。もちろん力尽くで相手を押しのけて渡るのは反則で、勝利の基準はどちらが面白いかのみ。判定人の講師とスタッフの先輩方を笑わせるのに僕らはあの手この手を使って挑んだ。一対一のお笑いタイマンに、毎回生命と精神をすり減らした。


そんな中、クラスの中でひときわ目立つやつがいた。

そいつの名前は、千葉ゴウ。ピン芸人で、ネタ見せでは一人コントをやっていた。見た目はブルース・リーそっくりで、暇な時は1日に腕立て伏せを1000回していて、めちゃくちゃマッチョで、腹筋もしっかり6つにバキバキに割れていた。NSCに入る前は劇団で役者をやっていたため演技が上手く、ダンス経験がないのに持ち前のパッションと身体能力のみでディズニーランドのダンサーに受かるという、めちゃくちゃな経歴と個性を持っていた。

そんなゴウが、上半身裸になって、二刀流の殺し屋みたいなキャラクターで一本橋を

この
高鳴りを
僕は
青春と
呼ぶ

渡ってこられたら最後、面白すぎて僕らは橋を譲らざるをえなかった。ネタ見せ以外でも、こういった他の授業で本領発揮して光り輝く同期が沢山いた。負けられないと思いながらも、こんなに面白いやつがいるのかとワクワクした。

夏の終わりに、地獄のお笑い合宿が開催された。避暑地の別荘施設に行き2泊3日で、灼熱の中、外でのモノボケ合戦、大喜利1000本ノック、一対一での夕飯を賭けた一発ギャグ対決と、お笑い尽くしの3日間。行きのバスから、自己紹介を交えての大喜利地獄。先輩スタッフがお題を出し、答えが良ければ、ポイントが貰える。この3日間のいろんな企画で獲得したポイントの合計が、合宿のMVPの結果を左右する。MVPには名誉と、合宿代の4万円全額バックという最高の副賞が付いた。毎月の家賃よりも高い合宿代を捻出するのにもひと苦労の僕らにとって、名誉よりもそっちの方が大事だった。

そして初日の夜の企画は、全員が振りを覚えるまで寝られないエンドレスダンス。300人ぐらいで、ガールズ・ネクスト・ドアを朝まで延々踊った。そしてとうとう皆が間違えずに無事踊りきった時、隣にいた話したこともない同期の、だまし絵みたいな顔した髭まみれのおじさんと僕は抱き合った。達成感と解放感でネクストドアを開きそうになったよ。

2日目には、合宿のメインイベントであるネタライブ。合宿のネタ見せから選ばれた20組から、ひとまず今の一番を決める。僕は優勝したい気持ちが強すぎて、ギャグで勝って手にした夕食を食わず、食卓の下でネタを書いていた。気が狂うぐらい尖っていたと、後に同期にイジられた。

結果、僕らは優勝することができた。その時やったのは、母親から息子への手紙というテーマの漫才だった。同期のライバル達や、審査員の作家や先輩芸人達の前でネタをするのは震えたが、予想以上の手応えがあった。サボテンも三位と好結果で、お互いに大きな自信になった。

これは帰ってから知ることになるけど、尖りすぎて「そんな合宿なんて行かねえよ」と、参加しなかった同期が山ほどいた。やはり隠れていたか。そして、一発ギャグや企画コーナーでの活躍次第で食事も制限されるという合宿内での決まりで、「面白くないと飯が食えない」というこの世界の絶対的なルールと醍醐味をこの合宿で痛感させられた。僕らはこういう世界で生きているのだ。とてもドキドキした。

この
高鳴りを
僕は
青春と
呼ぶ

＊

秋になり、この頃になるとネタ見せの講師から実力ごとに選抜された、「選抜クラス」なるものができてきた。当時、この選抜クラスに入れば劇場のライブにも出られるということで、皆死にもの狂いでネタを作り、試していた。噂に聞いていた他のクラスの面白いやつも集まり、一気に熱を帯びた。

そんな中、

「おお、お前さんがサンシャインか？」

と、独特の言い回しでアフロ頭のお茶の水博士みたいな鼻をした大男が話しかけてきた。

その大男の名は、小川耕平《こうへい》。「戦国」というコンビでツッコミをやっていた。戦国の噂は別クラスの僕の耳にも入っていた。実際にやつらの漫才を見たら、度肝を抜かれた。その漫才の設定はというと、「クラスメイトの女子に恋した定時制高校に通うおじいさんを応援したい」「高円寺のシングルマザーの子育て奮闘記」「戦後の闇市で、猫に話しかけていたおじいさんがスパイの容疑で逮捕、その獄中生活とは」など。なんだそのピンポイントでトリッキーな設定は。唯一無二のそのスタイルで、同期の中でも群を抜いて爆笑をとっていた。ネタの設定はもちろん、相方の矢澤の奇想天外のボケに、奇天烈でパワーのある誰も思いつかない耕平のツッコミ。

「そこの渚のお姉さん、鼓膜のベクトルこっちに向けてよ！」
「肛門から電気ウナギ突っ込んで奥歯ぶるぶるバイブさせたろか！」
「カリブ海の海面温度10度上がったわ！」
「ひばりが舐めた龍角散のど飴くすねてこいや！」
「月月火水木金金！　戦後の労働事情に口出すな！」

いや、どんなボケに対してのツッコミだよ、と周りの誰もがツッコんだが、そいつら自身もツッコミながら大笑いしていた。同期に初めて心から嫉妬し、初めてこいつには敵わないなと思った。

平場《ひらば》のトークも破茶滅茶に面白かった。しかし同期芸人のウケに反して、若い女性のお客さんが多くいるライブでは1ミリもウケずに、とんでもなくスベってた。そりゃそうだ。この笑いが若い女の子にバンバンウケてたら、世界の常識がひっくり返る。

同い年で童貞で全くモテない、お笑い愛に満ちたこの大男と、僕はすぐに仲良くなっ

この
高鳴りを
僕は
青春と
呼ぶ

た。いつの時代に出会っても、仲良くなっていたに違いない。

僕らサンシャインはというと、無事に選抜クラスに選ばれ、東京に来て初めてお客さんの前でライブをすることになった。ネタは、金の斧、銀の斧を渡した木こりの親が、泉の女神にクレームをつけに来るというものだった。何度も練習したネタだが、あまりの緊張にお客さんのウケや反応を見る余裕はなく、ただただネタを間違えないようにとそれだけを心がけた。ネタをやり終え、エンディングでMCのジャングルポケットさんに「声が大きい」って褒められたのを今でも覚えてる。嬉しかったなぁ。なんじゃそりゃみたいな些細な一言が極上に嬉しかったのだ。

そして、ネタ時間は2分と決まっていたのに、テンションが上がったのか、3分やってしまい、当時の支配人に皆の前で怒られ、罰として半年間、授業がある時は毎日、NSCのある神保町花月の1階から6階の階段掃除を命じられた。なんて厳しいんだ。しかしそれほどまでにこの世界のネタの尺オーバーはシビアだ。1分の過ちが、後の何十時間の後悔へと変わった。

＊

年末には東西対抗戦として、大阪吉本の同期との対決ライブがあった。今じゃキングオブコントで優勝してテレビでも活躍しているコロコロチキチキペッパーズの二人も、別のコンビで活動していて。まるで全国大会に行くような覚悟で僕らは大阪に乗り込んだ。

負けたら、罰ゲームな。

誰が言い出したのか、その時のノリで、対決に負けたら地獄の罰ゲームが待ち受けることになった。各々に課せられた罰ゲームの内容に皆が震えた。

僕らは大将を任され、相手は「ピンクガール」という、いかつい男くさい二人の漫才師だった。このいかつい見た目でピンクガールという、最高にクールでセンスのあるコンビ名。まいった、コンビ名対決なら完全に負けている。しかし東京代表の大将として、大阪に乗り込んだからには、負けたらただでは東京に帰れない。一番の勝負ネタだった、泉の女神のコントをやった。やるかやられるかの真剣勝負だ。負けたら終わりだ。剣道の試合の時もそうだった。自分は侍だ。斬られたら死ぬのだと、毎回そう思って挑んでいた。そう、これは僕らの大坂冬の陣なのだ。

この
高鳴りを
僕は
青春と
呼ぶ

出番前、興奮と緊張の間で、ふと舞台袖の鏡に映る自分を見て我に返った。女神役の僕は、裸に安物のシーツを巻いて草冠を付け、口紅を塗った変態だった。一体何を侍だと、息巻いてたのだろう。こういう時、ネタの設定上、変な格好をしてるコント師ほど間抜けなものはない。スーツ姿の漫才師とは大違いだ。

おかげでいくらか緊張が解け、無事にコントを駆け抜けた。結果、なんとか僕らは勝利することができた。

帰りの貸し切りの深夜バスでは、負けた同期達が次々と罰ゲームを遂行してる。同じクラスでピン芸人の千葉ゴウの罰ゲームは、実家の母ちゃんに感謝の電話をしながら股間を勃たせるという最悪の代物だった。頼むからオカズにエロ本だけでもくれ、というゴウの訴えは聞き入れられ、コンビニで誰かが買った『週刊現代』が与えられた。グラビアページを広げ、母親に電話するゴウ。ブルース・リーの生き写しかのような濃い顔に、バキバキに6つに割れた腹筋に鍛えられた身体。全てを露わにむき出しにして、

「あ、母ちゃん？　こっちは元気にやってるよ」

ゴウの膝上のグラビアでは、「隣の団地妻」が熟したそれを露わにしている。

電話口からは、団地母の「ちゃんとご飯食べてるの？」という熟した声が。

ゴウの手の中のドラゴンは、とろ火のように燃えていて、涙で少し滲んでいた。周りの僕らは、笑いを堪えられず、両手で口を押さえた。たまんなかったよ。一体何を見せられてるんだ僕らは。一体ナニを見せてるんだこいつは。

「いつもありがとう。絶対売れるから。じゃあ。……いや無理だよ！　勃たねえよ!!」

深夜高速、バスに響き渡るゴウの叫びに僕らは腹を抱えて笑った。

そして同時に、なんだかよくわかんないけど、携帯のスピーカーから聞こえたゴウの母親の「体に気をつけて頑張んなさいよ」という言葉に、僕ら全員、なんだか胸にグッとくるものがあった。僕らの大坂冬の陣はほっこりと幕を閉じた。

＊

この
高鳴りを
僕は
青春と
呼ぶ

年が明け、選抜クラスのメンバーから3月の卒業公演の出演者が絞り込まれていった。僕らの卒業公演は、お芝居を軸に、合間にネタやダンスなどが織り交ぜられたものだった。

演技の選抜クラスだった僕らサンシャインは、今回お芝居が軸ということもあってか主演を任されることになった。普段やってるコントも芝居っぽいのが多くて、それが評価されたのだろう。

それでも日本中から集まった約1000人の同期の中から、たった一組だけしか選ばれない主役の座を任されたのだ。高校時代、30人にも満たない剣道部でもずっと補欠で試合にすら出られず、ジャージで応援席にいた僕にとっては、とても感慨深いものがあった。嬉しくて嬉しくてたまらなかった。

ただ、それと同時に大きなプレッシャーもあった。しかし、やるしかない。毎日のように皆で稽古をし、授業が終われば近くの公園に集まって自主練をした。

卒業公演の芝居の内容は、事故で記憶を無くした僕が、相方の信清に思い出のあるいろんな場所に連れていかれて、徐々に記憶を取り戻していくという話だ。そして最後に記憶を取り戻した僕が、二人でコンビのネタをするというラストだった。

卒業公演は本番その日だけの、一回きりの公演で。まずは、オープニングで信清と二人芝居。僕が事故に遭い、記憶喪失になる。それから信清が僕を連れて、思い出の劇場、コンサート会場に行ったりなんかして。そこで、ほかのNSC生たちのネタやダンス、演奏会、企画コーナーなどが行われる。そしてラスト、無事に記憶が戻り、感動のシーンを経て、いよいよ僕らサンシャインが渾身のコントを披露する。

披露したコントの内容は、僕扮する正義の味方のロボットが敵を倒そうとして放ったロケットパンチが、誤って動物園の象の鼻に詰まって窒息死させてしまい、その象が幽霊となってロボットに葬式でキレるという、自分で説明しても一体なんなんだか、わけがわからない代物だった。なんでそもそも、ロボットに死んだ象の幽霊が見えるんだよ。そんなとこツッコんでたらもうキリがない。

ただ、このロボットと象のコントは、他事務所との対抗戦でも披露し、見事勝利したネタだ。NSCのネタ見せの授業でも高評価で、僕らは自信を持っていた。


しかし、お笑いというのはなんて難しくて気まぐれなんだろう。

びっくりするぐらいスベった。涙あり笑いありの内容で、ラストでお客さんからも大拍手を貰ったその後、スベりようもないお膳立てされたその舞台で、心臓がちぎれるほどスベった。

この
高鳴りを
僕は
青春と
呼ぶ

ネタの設定から全くお客さんに伝わってなかったが、漫才ならスベっても途中でネタからおりて、最悪スベってることさえ笑いに変えることができる。しかしコントはそうはいかない。ネタが始まったら最後、途中でおりることはできない。確実に地獄行きの最終列車に乗ってしまったが、そう簡単に諦められるか。僕らはこの1000人の同志の中から選ばれたたった一組の主役。この1年の集大成を見せるんだ。ネタの終盤、毎回鉄板でウケる僕のキラーフレーズがある。それでこの空気をひっくり返すんだ。

「……この両腕にはロケットパンチを飛ばすために高圧電流が流れてるからね。愛する人を抱きしめることもできない。シザーハンズ観て一番泣いたの俺や!!」

あの日、大ウケした自信ある鉄板ネタは、この日東京で、いや日本で一番スベった。意味がわからなすぎて、ネタやりながら、二人とも泡吹いていた。グニャリと曲がる鉄板の音が僕の頭の中で響いた。

1年間の総まとめ、最後の締めくくりにとんでもないバッドフィナーレを迎えた。舞台袖にハケたとき、演出の先生から満面の笑みで開口一番、「くそスベってたな」と言われた。達成感で泣こうにも、終わってからも同期からは延々とイジられるし、なんだよこれと1ミリも泣けなかった。

終わって冷静に考えたら、そりゃあんな2時間出っぱなしで、他の同期のネタも散々見た後に僕らのネタ披露なんてハードルが上がりまくってるに決まってる。それなのに、わけわかんない死んだ象とロケットパンチのロボットのコントって、意味不明すぎて、ついて来れないよ。

お笑いは、スポーツとは違う。陸上競技なら、100メートル9秒台の選手が調子の悪い時にタイムが30秒になるなんてことはない。だけどお笑いは、その日のお客さんの感じや、ちょっとした間のズレなんかで、何十秒ものタイム差が生まれることがある。本当に不思議だ。この日、僕らは途中で両足骨折して匍匐《ほふく》前進でゴールした。タイムどころじゃない。完全に満を持して僕らはやらかした。

それでも、僕は今でもそれを肴に酒飲んで笑ってるし、紛れもなく僕の短い芸人歴史に太字で刻まれた。NSCでの日々は、お笑いという怪物のようなでかいものの、欠片に少しだけ触れた1年間だった。

11 はじまったばかりだ

僕らサンシャインは、卒業公演前に行われた最後のNSC内のネタバトルライブで二位になった。おかげで、渋谷にある僕ら若手芸人の主戦場である無限大ホールでのピラミッドシステムで上から3番目に位置する「step」というところから、プロの芸人としてスタートできた。ピラミッドシステムは上から五軍に分かれていて、1年目のほとんどの芸人がその一番下のランクからスタートする。そんな中、最後のネタライブで一位だったフレミングと、二位の僕らサンシャインが、飛び級でスタートすることができたのだ。できるものなら一位で卒業したかったが、このstepからスタートというのは、そうはいっても順調なデビューだった。

stepの出番は月に4回、平日の夕方4時半からの30分ライブ。毎回6組が3分ネタを披露し、審査員票とお客さん票で、上のランクに上がったり、下に落ちたりする。ライブはネットで生配信されていて、全国の人にネタを見てもらうことができる。ひょっとしたら地元福岡の家族や友達にも見てもらえるかもしれない。心は躍った。

しかし、僕らは、すぐに現実にぶちのめされた。そもそも平日の夕方4時半に新人のライブを観に来てくれるお客さんがいるわけもなく。地元でもない僕らは友達を呼ぶこともできず、外で通行人に声をかけて手売りしても全く効果がなかった。

月初めにチケットの買い取りがあり、ノルマを達成できずに赤字になってしまうことが度々続いた。ネタの方でも、一緒にstepに出て闘う先輩の中には僕が芸人になる前から知ってる面白い方もいて、僕達は何一つ上手く闘うことができなかった。せっかく掴んだこの三軍の位置を守るのに必死で、下のランクに落ちないようにと、攻めずに置きにいったようなネタばかりをしていて、いっこうに自分達が面白く成長している気がしなかった。こんなはずじゃない、こんなはずじゃと焦りだけが先行して、本当に好きなことをやってるのか、自分達がどういう方向に向いてるのかなんて全然わからなかった。ただただ目の前のライブをこなすのに必死だった。

ｓｔｅｐ以外にも、他の新ネタライブや、企画コーナーライブ、大喜利ライブなど、様々なライブがあった。その中に「ＪＥＴ ＧＩＧ」という、東京吉本の若手なら誰もが通る、もう20年以上続く伝統的な新ネタライブがあった。毎月行われ、基本1～4年目の若手が出演する。ライブの1週間前からライブの担当の構成作家さんにネタ見せをし、合格をもらえたらライブに出られるというシステムだった。

ネタ見せは基本、新宿本社でだいたい夜10時くらいから朝方まで行われる。僕ら1年目は、開始の30分前には本社に行き、ネタ見せの部屋をセッティングし、ネタ順表にコンビ名を書き、ネタ見せのその時を待つ。皆早めにネタ見せを終え、終電までには帰りたいと思っているが、そうはいかない。そこは鬼の縦社会。先輩がネタの準備ができたら、先に順番を譲らなければならない。夜10時に早めに登録しても、実際ネタ見せできるのは朝方というのがざらにあった。本社の控え室も限りがあり、全員が入れるわけもなく、もちろん先輩達が最優先なので、僕ら1年目は中庭のベンチの前で立って待つ。夏のくそ暑い中は汗だくで、冬の雪降る中は震えながら、外で待たなければいけなかった。

いざ、ネタ見せになると、あらかじめ用意してきた渾身のネタを作家さんからボロクソにダメ出しされ、ネタの設定からやり直しをくらい、合格をもらうまでまた必死でネタを作り直して見せるのを繰り返す。

終わって本社内の片付け、掃除をし、帰るのは始発どころか朝7時、8時になることもあった。夜はすっかり明けていて、空には太陽がのぼっている。昨日を引きずったまま、僕らはボロボロの身体で朝のバイトに向かったりした。


僕は最寄りの瑞江駅に4店あるうちの一番小さいパチンコ屋にサボテンの古賀と一緒にバイトしてて。そのまま寝ずに早番入って、営業中に立ったままよく寝落ちして主任にいつも怒られた。一度、帰りの電車で疲れ切って寝落ちして携帯の充電も切れ、そのまま何時間も電車で寝てしまったことがあった。朝9時出勤予定なのに夕方4時に行き、店に入った瞬間、

「く、く、く、クビだ――!!」

と主任にマンガのように怒られた。なんとか謝り通してクビだけは免れた。しかしこれ以外にも、急にライブやネタ見せ、オーディションなどが入り、バイトをドタキャンしなければいけないことも多かった。長続きせずにバイトをクビになる若手芸人は沢山いる。芸人に親身になってくれるバイト先もたまにはあるが、そんなのは稀も稀で、現に僕も今までバイトを10回以上は変えている。

こんなしんどい思いをしたとしても、ライブでネタがウケれば万歳だ。ウケれば全ての苦労は報われる。しかし、こんな思いをしてまでネタを作っても、お客さんにもウケず、またボロクソにダメ出しされ、ノルマの手売りチケットも売れず月に何万ものお金を無駄にしてしまうこともあった。こんなのを繰り返したら、さすがに心が折れる。自尊心は見るも無残に打ち砕かれ、もうだめだと思う夜を何度も繰り返した。

それでもなんとか、なんとか。やりたいことが沢山ある。賞レースで優勝したい。ルミネ、NGKで単独ライブがしたい。単独ツアーで全国を回りたい。冠番組を持ちたい。深夜ラジオをやりたい。他にも、もっと。やりたいことだらけだ。踏ん張らなければ。まだ芸人生活ははじまったばかりだ。

＊

深夜1時過ぎ。瑞江の家でジム・キャリーの映画を観てたらふく感動した夜は、駅前のゲオまでチャリをこいで、外のぬるい風で少しだけ汗ばんだ。閉店の音楽が鳴ってて、せかされながら何本かCDとDVDを。ガガガSPとくるりとジュディマリと。アダルトコーナーにて真夏のセクシー大感謝祭。何言ってんだ。こっちがお礼を言いたいくらいだよ。現実逃避させてくれるにはもってこいだ。いたって健康な組み合わせ。ただ、お目当ての『君に届け』のアニメは全部借りられてたんだ。ショックで立ち尽くしてしまった。友達に一度漫画を借りて夢中で読んだら、電車の中で鼻水ズルズルになってしまったから、どうしても借りたかった。鼻水と涙で溺れてその日電車2回乗り過ごしたもの。たまんないよな、もう。

隣の部屋じゃ、一緒にゲオに行った信清とサボテンの古賀がなんかよくわかんないインド映画を観てる。一つもリアクションがないから、とびきりつまらないんだろう。『君に届け』を薦めてやろう。あと、『日々ロック』にフジファブリック、サンボマスター。とんでもない作品ばっかりだ。

東京に来て2回目の夏が来た。芸人四人で住むアパートは暑苦しく、むせかえるほどの男くささだった。プロになって3ヶ月、案の定食えてないし、バイトばっかりで、そのバイトもシフト削られてあんまり入れず、慢性的金欠で本格的に泣きそうな毎日。たまに安い酒飲んではしゃいで愚痴ってキャッキャッ言って、現実に打ちのめされて、甘い物に溺れて太ってニキビできて、泣き事言って酒飲んでの繰り返し。なのに意外

この
高鳴りを
僕は
青春と
呼ぶ

に悪くないかもと思う時がある。僕はただの甘ちゃんかもしんない。

吉本で開催されたイベント、「ワンダーキャンプ」の一環で、東京タワーでライブがあった。僕らサンシャインも1年目なのに、ありがたいことに出させてもらった。

僕はこの1年前、まだNSC生の時。2010年、M-1ラストイヤーの準決勝を見た帰り道、会場から東京タワーが見えたもんだから一人で見に行った。下から見たらそれはもうすごくて。福岡の田舎もんからしたらとんでもなくでっかくて遠いものに見えたよ。準決勝ではっきり見せつけられた上の人達との実力の差と重なってさ、悔しくてたまんなかったな。噛み締めすぎて下唇なくなったよ。

そんなんがあったもんだから、東京タワーでのライブは気合い入れてたんだけど。それがびっくりするぐらいスベった。お客さんもそれなりにいっぱいいたのにだ。

一番前に座ってたいかにも優等生っぽい小学生の男の子に、どうだったたって聞いたら、顔引きつらせて「ごめんなさい、わかりません」って言われた。なに夏休みに小学生に気を遣わせてんだ。全く、笑うしかないよ。それでもトボトボ帰ってたら、面白かったたって声をかけてくれる親子もいたり、わざわざこのイベントに出る僕らを遠くから見に来てくれたお客さんもいたり、アル中っぽい酔っ払いのじいちゃんからは、「苦労するが、「頑張れ若者」ってワンカップ片手に励まされたり。なに一人でじじいが東京タワーで酒飲んでんだよ。可愛く笑いやがって。勝手なこと言うなよ。そんなの、頑張るしかないじゃないか。

*

夏が過ぎて、秋も終わる頃。僕らは下のランクに落ちた。自分達がやりたいことを全うして落ちたのではなく、現状維持を続けて、緩やかにどんどん落ちていく感じが、たまらなく嫌だった。毎月ある新ネタライブの真夜中のネタ見せでも毎回ボロカスに言われ、ネタバトルやテレビのオーディションもことごとく落ちた。全く仕事もなく、結局またバイトばかりの、パチンコと酒に溺れて現実逃避する毎日。賞レースでも全然良い成績が残せない。結果が出ないことで、コンビ間での喧嘩も増え、昔みたいにただ楽しくというわけにはいかなくなった。周りの同期らも、立ちはだかるプロの壁に四苦八苦していた。

そんな中、耕平率いる戦国は、同期の中でいち早く深夜のネタ番組に出演した。びっくりした。まさか耕平が一番乗りでテレビに出るとは。いつも一緒につるんでは一緒にネタを書いていた、身近な仲間がテレビでネタをしている。不思議な光景だった。ネタ後のトークの特技披露で、「合コンに来る女あるある」を美空ひばりのモノマネで歌い上げていた。おいおい、地上波でそれやんのかよ。

ネタもそうだが、特技でも、一切お茶の間に寄せてわかりやすくなんてしてなかった。劇場で若い女の子の前で全然ウケなくても、めげずに自分達の笑いを貫き通し、とうとうテレビのネタ番組にも出演し、堂々としているこいつに、僕はまたしても嫉妬した。悔しくて羨ましくて、かっこよくて仕方なかった。言い訳ばかり並べて周りのせいにしてる自分が、あまりにもちっぽけに見えて、恥ずかしかった。

負けてられるかと無我夢中で没頭したが、依然として結果は伴わなかった。どうにか、どうにかしなくちゃという焦りと、納得いくネタができないストレスで眠れなくなり、思いつけ思いつけと夜中にぶつぶつと独り言を言いながら外を歩いた。何かに救いを求めるように歩いて、気づいたら朝になっていた夜が何度もあった。

険しすぎる現実。NSCの同期だけの甘っちょろい環境とはレベルが違いすぎて、僕らは井の中の蛙《かわず》の卵にすらなれなかった。

折れそうな心を、唯一救ってくれたのは彼女だった。

NSCを卒業する直前ぐらいに、同期のフレミング舟生《ふにゅう》の知り合いの主催するイベントに出た。恵比寿の大きいお洒落なレストランを貸し切った会場で、あまりのお洒落さに入り口を1ミリ入った瞬間に緊張した。なんせこっちは人生初めての恵比寿。東京といってもこの1年、瑞江と神保町をただひたすら行き来しただけの東京検定10級の田舎もんだ。不安しかなかった。

イベントは美容師の方の公開カットショーに、ミュージシャンのライブ、ダンスパフォーマンス、有名デザイナーの新作のファッションショー、そして僕らのお笑いネタライブ。明らかに僕らだけ浮いていた。デビューすらしてない名もなき芸人のネタを誰が観たいんだ。まばらな客席に、なんら期待もされてない空気の中、それでもやるしかないから、やるしかない。今できることを思い切りやった。その時に、前列の方に座り、よく笑ってくれた娘がいた。イベントの終わりに、バーカウンターでドリンクを待っている彼女を見つけ、あ、さっきの娘だと思いドギマギしてたら、目が合い、ニコッと微笑んでくれた。気づけば僕から声をかけていた。

「あ、あの。さっきはどうも。ど、どうでしたか」

「面白かったです。あんなに近くでお笑い観たの初めてです」

「ですよね。あんまりこんなの無いですよね」

社交辞令のようなとりとめのない話をしてたら、一緒にイベントに出てた千葉ゴウに見つかり、すぐさまイジられた。僕だけじゃ完全に、「じゃあ、また」で終わっていたところが、エンターテインメントの塊のゴウのスーパー後押しにより、なんとか彼女と連絡先を交換することができた。ありがとう。あの深夜高速でのゴウの母親へのお礼の何倍もの感謝をゴウに伝えた。

彼女は僕より一つ年下で、その当時はまだ女子大生で。友達がダンスでイベントに出るから観に来てたらしく。お洒落で可愛く、田舎もんの訛りに訛った方言全開の僕と違い、きれいな標準語で。東京の人という感じだった。

しかし今思えば、あんな芋くさい童貞野郎がよく声をかけられたもんだよ。僕の一目惚れだったかもしんないな。

最初は友達を含め何人かで飲んで、その後何回かデートを重ねて、僕らは付き合うようになった。

彼女は僕とは真逆の性格で。根暗でネガティブでいつも気むずかしい顔をしている僕とは違い、明るく天真爛漫で、会えばいつもとびきりの笑顔を見せてくれた。行動力も凄まじく、お金を貯めては、海外に一人旅に行くような人で。カメラ片手にたった一人でボリビアやインドなど、女性一人じゃ危ないような国にも、持ち前の好奇心と度胸で乗り込んでいた。毎回めちゃくちゃ心配したが、「大丈夫だよ」と彼女はいつも笑顔で。全く経験もないのに、ハワイのフルマラソンの大会に挑戦すると言い出した時は、さすがに笑ってしまった。理由を聞いたら、「友達に誘われて、面白そうだったから」。

無茶苦茶だ。面白そう、だけで自腹で高いお金出して海外でフルマラソンに挑戦するやつがどこにいるんだよ。僕ら芸人からしたら完全に罰ゲームだ。

「やばいよ、そんなノリでやるレベルじゃないよ」

「やっぱり、やばいかな。やばいよね」

そう言うと彼女はまた楽しそうに笑った。僕なんかより、よっぽど豪快で芸人らしかった。それから毎日仕事終わりにランニングの練習して、ちゃんと宣言通り完走したから見事だ。

「マジでしんどかった。褒めて」

ハワイからＬＩＮＥが送られて来た時、愛しさと可笑しさが爆発して、頭無くなる

この
高鳴りを
僕は
青春と
呼ぶ

くらい撫でてやろうと思った。
嬉しい時は馬鹿みたいに笑い、悲しい時は呆れるほど泣いて、怒る時は誰よりも怒った。感情のままに全身全霊で生きていた。そんな彼女を僕は、一人の人間として尊敬していた。どことなく、母親と似ているものを感じた。

二人ともお酒は好きだったが、とはいっても、高いお店どころか普通の居酒屋に行くのも頭を抱えるほどの僕の財布事情。お金が全くない僕に気遣って、安く済ますためによく手料理を作ってくれたり、デートにもお弁当を作ってきてくれたりした。
実家を出てから手料理とは無縁だった僕を、彼女は余裕で天国に連れていった。カレー、ハンバーグ、パスタはもちろん、僕の誕生日には凝ったお手製のスペアリブやパエリアなんかも作ってくれた。今までそんなもの食べたことなかったから、いちいち感激した。一度、『ルパン三世 カリオストロの城』に出てくるミートボールスパゲティを再現して作ってくれた時は、もう、まいっちゃったな。彼女は僕からとんでもないものをいつでもさらりと盗んだ。

たまに休みの日が合えば、ライブも観に来てくれて。僕が愚痴や弱音を吐けば、

「大丈夫、面白いから。だって光、天才じゃん」

いつも笑って褒めてくれた。

僕が芸人一年目の時に、彼女も社会人一年目で。大手の証券会社の営業という過酷な職に就いた彼女は、慣れない仕事で、よく泣いていた。あの天真爛漫でいつも笑顔の彼女が、毎日のように電話口で泣いていて。そんな時は、ここぞとばかりに僕の出番だ。職業柄、涙を止めるのは得意だ。張り切って、最近起きたことを大袈裟にエピソードトークにまとめた。

こちらの期待とはうらはらに、意味が伝わらず、ぽかんとされることもあった。

「なにそれ、よくわかんない。馬鹿じゃないの」

ウケるウケないはこの際関係ない。涙が止まれば万歳だ。

お互いに、大丈夫、大丈夫だよって、励まし合った。そのおかげでどうにかこうにか、生きてこられていた気がする。じゃなければ、すぐにでも僕の自信やプライドなんて跡形もなく打ち砕かれてたはずだ。

真っ暗闇の中で、いつも燦々と希望を注いでくれた。

淡々と突きつけられる、厳しい無慈悲な現実。日々を必死にもがきながら、僕の1

この
高鳴りを
僕は
青春と
呼ぶ

年目はあっという間に過ぎていった。

＊

朝8時。本社での深夜のネタ見せが終わり、自転車で帰る。昨夜のにぎわいはすっかり消え失せ、ぽっかり空いた歌舞伎町をするりと抜ける。歌舞伎町のドンキで買ったママチャリ。ドンキの店員さんと話してる間、ホストとギャルが勝手にチリンチリンしていたママチャリ。誰《た》がために鐘は鳴る。人生6代目のママチャリ。立ち漕ぎで帰った。iPodからは銀杏BOYZが流れる。

歌舞伎町で聴く「BABY BABY」は、なんだか全然しっくりこなかった。

芸歴2年目を迎え、僕は瑞江から四谷《よつや》に引っ越した。あの四谷怪談で有名な四谷。田舎もんの僕でも知ってる。もちろん一人暮らしできるわけもなく、またもやシェアハウス。今回は別の同期と三人で。それでもなんといっても特権はチャリで新宿まで15分で行けることだ。羨ましいだろ、2年前の僕。新宿まで電車で40分かかってた僕。おかげで太ももがパンパンだ。短パンが似合わない。

そんな中、地元から一緒に上京してきた同期のサボテンが解散した。

この
高鳴りを
僕は
青春と
呼ぶ

12 夜の虹

真夜中の新宿本社、中庭にある木のベンチ。うなだれるような蒸し暑い夜も、凍えるような雪の降る夜も、ボロクソに言われるネタのダメ出しに唇を噛み締めながらも、何度も同期のやつらと一緒に励まし合った、中庭のベンチ。呼び出されて向かうと、先にベンチに座っていたサボテンの長木《ながき》が口を開いた。

「俺、芸人辞めるわ」

目の前が真っ暗になった。信じられなかった。福岡でもずっと一緒にお笑いやってきて、僕達は一緒に売れるもんだと思いこんでいた。なに言ってんだよ。あんなに楽しかったじゃないか。俺達最高だったよな。一緒に売れようって約束したろ。なんだよそれ。こっからじゃねえのかよ。

サボテンが上手くいってないのは知っていた。僕らと同じように、ライブや賞レース、テレビのオーディションでも結果が出ず、もがいていた。一番近くで見てきた。それでもまだ諦めるには早いだろ。なんのために東京に出てきたんだよ。まだなんにも、俺らなんにもまだ成してねぇじゃねえか。

無性に腹が立ったが、長木には何も言えなかった。昔から、僕ら四人の中で長木が一番クールでしっかり現実を見ていた。男前でセンスがあって面白くて、いつも飄々となんでも上手くこなすやつだった。仲が良い僕らにも、一切自分の弱みや脆さを見せたりしなかった。そんな長木が、初めて胸の内を話し、もう無理だと言った。その言葉の意味が、あいつの覚悟と気持ちが痛いほどにわかって、上手いことなんて何一つ言えやしなかった。

家に帰って、押し入れからビデオカメラを引っ張り出した。大学の時から、大事な思い出は全部このカメラのＨＤに収めていた。布団に包まり、再生ボタンを押した。一緒に過ごした日々が、画面から溢れだす。皆で福岡から高速バスで東京まで行った

M-1の二回戦。「かかってこいよ東京！」。意気揚々とカメラを指さして僕らは意気込んでいた。この後全員スベることになるっていうのに、そんなの露も知らずに、無邪気に目を輝かせていた。

ぼんやりと朧気になっていた記憶が、くっきりと鮮明に再生されていく。この頃の僕らは、全部、全部上手くいくと思ってた。なんだってできると思ってた。馬のかぶり物を被って、ギャグをしてる長木が映った。上京した日から皆で毎日、くじを引いて当たりを引いたやつがギャグをしたんだ。それ見て僕らは手を叩いて笑って。かぶり物を取った長木が一番笑ってた。僕ら、なんだってできると思ってたんだ。

その夜、僕は一人でわんわん泣いた。なんで辞めんだよ。なんでだよ。なんで諦めんだよ。

でもそんなの、僕が言うことじゃない。あいつの人生だ。そんなのわかってんだよ。あいつは相当な決意を持って決めたはずだ。それでも僕は悔しくて寂しくてたまんなかったよ。

古賀も相当ショックを受けていた。そんなの当たり前だ。ずっと、ずっと一緒だったんだ。ずっと一緒に闘ってきたんだ。それでも古賀は続けるって言うし、僕はそれが嬉しかった。だってあいつは才能しかないから。あと、とても優しい。きっと大丈夫。

売れなかったら芸人を辞めなくちゃいけない。この世界は残酷だ。サボテンの解散はそれを初めて意識した出来事だった。

この頃から、芸人を辞めていく同期が増えていった。あんなに面白くて才能もあったのに、なんて言われて辞めていったやつが何人もいた。養成所の時は1000人いた同期も、気づけば100人も残ってなかった。ちゃんとライブに出たりして活動してるのはコンビで20組にも満たなかった。

現実に打ちのめされ、自信もプライドも何もかも失い、同期達が芸人を辞める決意をしても、僕は辞めようなんて1ミリも思わなかった。どうしようもない暗闇の中を歩いていたが、絶対に光はあると信じていた。自信なんてもんはことごとく打ち砕かれた中で、意地だけがあった。絶対に売れるんだ。このまま終わってたまるかという、意地だけだ。

この
高鳴りを
僕は
青春と
呼ぶ

あの日、福岡を出発した僕らは沢山の人に背中を押してもらった。芸人仲間、家族、友達、お客さん。このまま何も成せずにのこのこ帰れるわけないじゃないか。そう、自分の気持ちを無理矢理にでもたぎらせ、鼓舞した。

*

歯を食いしばってもがき続ける中、小さな光が少しだけ射した。2年目の夏くらいだろうか。NSCで教わっていた講師の方の主催するライブのオーディションがてらのネタ見せが急遽入った。僕らは新ネタをしようと決めた。とはいっても、オーディションまで時間もなく、近くの公園で信清にぼんやりとした設定を伝え、話しながら作った。自信はなかったけど、いつになく信清が大笑いしてくれたので、じゃあそれならいいか、という感じでオーディションに挑んだ。

オーディションはNSCの教室で行われ、かつてのネタ見せの授業のように、他のオーディションを受ける芸人達の前でネタを披露する形だった。講師の先生の前ならともかく、芸人の前でやるからにはスベりたくない。本来なら鉄板のネタを用意するところだけど、もうやっちゃうしかねえだろと、吹っ切れた気持ちでネタをした。ネタでは主に僕がボケで信清がツッコミだったが、このコントではボケとツッコミを代えてみた。それが功を奏したのか、思いのほかウケた。芸人にウケるってのはやはり格別で、とても気持ちよく、終わりでいろんな人に褒められた。講師の先生にも褒められ、そのオーディションライブにも合格することができた。今まで泥水をすすって、もがき続けた闇に少しだけ、ほんの少しだけ光が射した。

それを機に、今までやってきたネタの形を変えた。少しずつ自分達の中でも手応えを感じ、周りの反応も変わっていった。


毎月の新ネタライブでダメ出しを食らいまくってた構成作家さんの反応も変わった。ネタだけじゃなく、若手だけの企画コーナーライブも担当されていて、その日は特技オーディションで、各々ネタではない別のところでアピールしなければならなかった。これといった特技もない僕らは、他の芸人もいる中で、特技じゃなくコントをやった。

「すいません、僕ら、ネタしか無いので。ネタやらせてください」

同期どころか、先輩芸人も沢山いる中、なんて生意気なんだ。特技がコントってなんだそれ。生意気が過ぎる。それでもその時の僕らといったらそれしか無かったから、怒られる覚悟で思い切りやった。そうしたら、めちゃくちゃにウケた。構成作家に、

「お前ら、変わったな」

と初めて褒められた。めちゃくちゃに嬉しかった。2年近くずっとボロクソにダメ出しされてたのに、この一言で今までの全部がぶっとんだ。究極の飴とムチ。めったにムチで叩かれて何度も死んだはずなのに、飴一粒でこんなにも生き返るとは。とろけるほど甘くて美味しかった。

それからいくらかの自信がついた僕らは、この新しい形のパターンでネタを作り続けた。その甲斐あってか、無限大ホールでも先輩達に声をかけられるようになった。

ある日、ネタ終わりに先輩に声をかけられた。

「お前らのネタ、気持ちいいよな。見ててさ、すげぇ気持ちいいんだよ」

ダイタクさんという双子の漫才師の先輩だ。僕らの2年先輩で、若手の企画ライブなんかでもリーダー的存在で。漫才ももちろん面白く、無限大ホールのピラミッドでも僕らより全然上のステージにいた。それゆえに笑いにストイックで厳しく、後輩にもびしびしダメ出しをし、それでいて酒にもギャンブルにも目がなく、まるで昭和の芸人のような破天荒な私生活から、「悪魔の双子」と呼ばれ、僕ら後輩達からも恐れられていた。

そんなダイタクさんから初めて褒められた。ちゃんと喋ったのもその時が初めてだった。向こうからしたら何気ないことだったかもしれないが、破茶滅茶に嬉しかった。それをきっかけに、飲みに連れてってもらったりして、今でも可愛がってもらっている。ただ、ダイタクの大さん、拓さん、どっちが声かけてくれたのか未だにはっきりわからない。今では余裕でどっちがどっちか見分けつくけど、あの時はもう影分身してるようにしか見えなかった。これはもうタイムマシンができてくれないと解決できない。二人に聞いても、「俺が言った」としか言わないからだ。一応、二人にはそれぞれ、「あの時はありがとうございました」と伝えている。とにかく、はっきりしてるのは僕が破茶滅茶に嬉しかったということ。この世界、悪魔に助けられることもある。

小さな光が射し、これからきっと上手くいくはずだ、と思った。しかしそんなわけはなかった。ネタの手応えを感じながらも、劇場では結果を出せなかった。毎年のようにピラミッドのシステムは変わり、いつしか僕らは一番下のランクまで落ちていた。

気づいたら夏は終わってて、気づいたら木々は色づいていた。あっという間に時が過ぎてくもんだから、落ち着いて深呼吸して。なんとかしなきゃ、なんとかしなきゃ、と。とりあえずその時の僕は奥歯の親不知が爆発してて、歯医者さんに一気に抜いてもらってヒーヒー言ってた。なんだよ、もうやめてくれよ。聞いてないよ。痛いよもう、4本抜いた人、それだけで敬うよ。

歯医者に行くのに実家から保険証を送ってもらったら、兄ちゃんの嫁さんからの手紙が入ってて。今度、正月に帰ってきたら家族皆でカラオケ行こうって。

よくよく考えたら家族でカラオケに行ったのはたぶん僕が小学生の時の一回ぐらい。母ちゃんと兄弟三人。大のカラオケ好きで、町のカラオケ大会でも優勝するほど歌が上手い母ちゃん。ただ歌うのは演歌ばっかりなんだよな。普段も軽トラのカセットテープからは天童よしみばかり流れていた。そんな母ちゃんの演歌を延々聴いて。歌なんかより、それよりもその時に頼んだピザに夢中で。あの時、人生で初めてピザを食べた気がする。とにかく美味しかった。タバスコをかけすぎて、食べたその手でつい目をこすってさ。目にタバスコが入って、爆発したかと思った。家族皆がカラオケしてる中、ずっと泣きながらトイレで目を洗った。

部屋に戻ったら、母ちゃんが「最後にあんたも一曲ぐらい歌いなさい」っつって。僕は恥ずかしくて、一人じゃ嫌だと言って、四人でウルフルズの「ガッツだぜ!!」を歌った。なんで「ガッツだぜ!!」だったかは謎だけど、画面に映るちょんまげ姿のトータス松本さんをはっきり覚えてる。

もし次、実家に帰った時、「ガッツだぜ!!」を歌ったら母ちゃん達はなんて言うだろう。覚えてるかな。覚えてないだろうなー。そもそもこの思い出も僕が勝手に作った思い出かもしんない。もう20年も前の話。高校生になった頃には、そのカラオケ屋はもう無くなって、なんかよくわかんねえ箸で食べられるイタリアンみたいな小洒落た店ができてた。それも今までやってんのかなぁ。

今もどっかでなんかが無くなって、生まれて、繰り返して繰り返して、忘れられて、思い出してる。

芸人を辞めた同期の小出《こいで》が今は定食屋のバイト先で社員になったって、他の同期に聞いた。どうやら元気にしてるみたいで。

小出は、NSCの時から仲良くて、いつもつるんでた同期の仲間の一人だ。体がでっかくていつも笑顔でニコニコ笑って明るいやつだったが、高校の時にヤンキーにボコられて前歯が1本無かった。びっくりするぐらい物を知らないおバカちゃんで、人のネ

この
高鳴りを
僕は
青春と
呼ぶ

タを見ても、使われている言葉の意味がわからないから、「あれはどういう意味なの？」と僕にいつも聞いてきた。屈託のない笑顔で、それに加え前歯がないんだから可愛くて仕方ない。そんなのどんな馬鹿やっても許しちゃうよな。僕が上手くいかなくてへコんでる時も、いつもガハハと笑い飛ばしてくれた。

ＮＳＣ卒業を控えた3月、東日本大震災が起きた。その日予定されていたＮＳＣのライブももちろん中止になり、しばらくの間、授業、ライブは全て延期された。小出は宮城県出身で地元も大変な被害を受けていた。こんな時、お笑いはあまりにも無力だ。いや、僕が無力なのだ。大事な仲間が大変な時に、僕は小出になんの言葉もかけられなかった。どう力になってあげたらいいか全くわからなかった。自分の無力さが歯がゆかった。何日か経って、小出が僕の家に来た。片手に宮城の日本酒一升瓶持って。玄関に笑顔で立っていた。

「飲もうぜ、坂田くん」

ニカッと前歯のない顔で笑って、それ見て僕も思わず笑ってしまった。まさか、あいつの方が僕に気を遣って来てくれるなんて。この世界に、自分が辛い時に他人を思いやれる人間がどれだけいるだろうか。素晴らしいやつだ。馬鹿みたいに素晴らしいやつだ。お前には言ってないけど僕はお前のこと大尊敬してるんだぜ。

そんな小出もNSCを卒業してからは上手くいってなくて、コンビ解散を繰り返して、2年目になる前には芸人を辞めた。それでも辞める時、小出からなんにも連絡がなかった。だから、こっちもなんにも連絡しなかった。なんだよそれと、ちょっと腹立ってそのまんまで。

そしたらこないだ夢でさ。暗いトンネルの中、僕がとぼとぼ歩いてたら小出が後ろから自転車でやってきて、僕の肩をポンと叩いたの。僕は「お前、一言ぐらい……」って怒ろうとしたら、笑って、「悪りぃ」って。くしゃくしゃにさ。あんまり小出が綺麗に笑うもんだから、なんにも言えなくなって、僕も笑っちゃって。

僕が、「今度、ステーキおごれよ！」って言ったら、「おうっ！」って言って。後ろに乗っけてもらおうと思ったら、笑ってシャーッて自転車で行っちゃった。なんだよそれ。置いてくのかよ。なんだかすごく寂しかったけど、あんな笑顔見せられたら止められないもんな。目が覚めるまで夢って気づかなかった。まるで全部が、全部が本当のことのように思えたんだ。

そっちはどうだい。こっちはヒーヒー言ってる。歯も痛いしよ、毎日カップラーメンばっかだし、お前の分も売れなきゃなんねえしよ、たまんねーよバカ。ガッツだぜじゃないよ。まあやるけどさ。忘れんなよ。ステーキな。

忘れないように。約束して、少しだけ泣きそうになった。僕らの夜はあまりにも長い。真っ暗な夜に虹がかかる。夜の虹は少しぼやけてて、黒が滲んでちょっとばかしグラグラだ。大丈夫。まっすぐ歩くには十分だ。

13 夢中になるのさ

2年目も終わりに近づく頃、兄ちゃんから電話があった。

「母ちゃんが倒れた」

あまりにも突然のことで、一瞬何を言ってるのかわからなかった。兄ちゃんからの電話なんて東京に出てきてから初めてのことだったから、何か悪い予感がしていた。倒れたのは1週間前で、脳梗塞だった。身体のしびれや、頭痛などの前兆があったらしいが、仕事が忙しいのもあって病院に行くのを後回しにしていたら、車の運転中に倒れたそうだ。たまたま車は田んぼ道の脇に止まり、奇跡的に大事故にはならずに済んだが、下手したら最悪の結果になってもおかしくなかった。そのまますぐに救急車で運ばれたが、無事手術は成功し、今は入院しているとのこと。話せるが今も身体はし

この
高鳴りを
僕は
青春と
呼ぶ

びれていて、半身不随になるかもしれないとのこと。心配かけるから光には連絡するなと言われたこと。でも僕を思って連絡したとのこと。

全部が、全部が信じられなくて、全然頭に入ってこなくて。兄ちゃんとの電話を切った後、涙がぼろぼろこぼれた。僕はいったい何をしてるんだろう。最愛の母親が倒れてる時に、何もできずに、何も知らずに、僕はいったい何をしてるんだろう。兄ちゃんは実家を継いで家業を守ってる。弟の望はバーテンダーとして自分の店を持って立派に働いてる。僕は好き勝手に夢を言い訳に自分のことばかりだ。揚げ句、こんな時でも心配かけてばかりじゃないか。

生まれて初めて、芸人を辞めようと思った。

小さい頃から、これしか夢が無かった。他にやりたいことなんてなにも無かった。周りの同期の仲間達がいくら辞めようと、ネタがスベってお客さんが誰も笑わなくても、面白くないと言われて落ち込むことはあっても、芸人を辞めようとは一度も思わなかった。そんな僕が、この時初めて芸人を辞めようと思った。福岡に帰って、安心するような仕事に就いて母親と一緒に暮らそうと思った。信清と彼女に、母親が倒れたことだけを伝えて、決まっているライブや仕事を終えて実家に帰れたのは電話が来た1週間後だった。その間、心配した彼女から電話やメールがあったが、返せずにいた。

福岡に帰ると、その足で母親の入院してる病院に走った。向かいながら、じいちゃんが亡くなった時を思い出した。

母親のいる個室の前に着いた。2年ぶりに会う母ちゃんは、もう昔の僕の知ってる母ちゃんじゃないかもしれない。そう思うと、怖くて入るのに時間がかかった。覚悟を決めて中に入ると、思っていたよりも全然元気な母ちゃんがそこに立っていた。

「なんね、別に来んくて良かったのに。ほら見て、この部屋。なんかドラマみたいやろ?」

拍子抜けするほどに、母ちゃんは明るく笑ってみせた。くるりと回る母親のいつもと変わらない姿に胸をなで下ろし、「ないよ、そんなドラマ」と僕は笑った。

話を聞くと、まだしびれは残るものの、リハビリでどんどん良くなってる、だからもう大丈夫だと。

「元気でやっとるね? まさかへこたれて諦めとらんやろね」

お見舞いに来たはずなのに、逆に僕が励まされ、活を入れられた。帰ってこい、早く売れろなんて言葉、母親から僕は一度も聞いたことがない。諦めるな、必ずチャンスは来るから、頑張れ。いつも楽しみにしてる。毎回会えば、いや会わなくても、電話やメールで何回も言ってくれる。死にかけたくせに、なんでそんなこと言えんだよ。母は強し。そして偉大だ。僕なんかじゃ、敵いっこないのだ。

次の日には東京に帰り、久しぶりに彼女に会った。申し訳なさもあって彼女の好きなしゃぶしゃぶ屋を選んだ。お店に先に入って待ってた彼女に、声をかけた矢先に、めちゃくちゃに怒られた。2週間も連絡を返さず電話も出なかったら、そりゃ当たり前か。

「なんでもっと頼らないのよ。力になりたいのに。そんなに信用できない？ 私は。もっと頼ってよ。もう帰ってこないかと思った」

彼女は怒りながら号泣していた。僕はひたすら謝った。ひたすら謝って、怒る彼女に申し訳ないと思いながらも、なんていい女だと思った。寂しいなんかじゃなくて、もっと頼れよと怒る彼女に、僕は心底惚れ直した。勝手だな僕は。そんなこと言ったら、私が真面目に話してんのに何考えてんだ、とまた怒られそうだったから、言うのをやめた。ああーお腹すいた！ と怒りながらしゃぶしゃぶ食べる君がどれだけ可愛かったか。あの時僕は君に何回も惚れ直してたんだ。

そして僕は覚悟を決めた。信清に会って話した。

「2年後、キングオブコントの準決勝に行けなかったら解散しよう」

この
高鳴りを
僕は
青春と
呼ぶ

M-1が漫才の日本一を決める大会なら、キングオブコントはコントの日本一を決める大会で。東京に出てきてからは漫才よりコントを中心にやっていた僕らにとって、芸人人生を左右する大事な賞レースだ。

そのキングオブコントの準決勝に行けるのは3000組の中からの約60組。M-1と違いキングオブコントは芸歴不問で、僕らより何年も何十年も上の先輩方と闘う。毎年毎年、僕らは皆、人生を賭けて賞レースに挑む。決勝に行けば全国放送でネタができて、優勝すれば1000万もの賞金と一生ものの栄誉が与えられる。これをきっかけにいろんなテレビ番組にも出られる。売れるための最速切符。僕ら芸人にとって、人生一発逆転の大チャンスだ。

決勝はもちろん、こんな1、2年目の超若手が準決勝に行くことすらすごいことで。お笑いの業界内じゃ、「準決勝=ネタが面白い芸人」と認められる風潮があった。だから僕はどうしても準決勝に行きたかった。母親や彼女を安心させられるような、東京でこれからも芸人としてやっていけるような、確固たる自信が欲しかった。

「チャンスはあと2回だ。このままのんびりやっててもダメだ。覚悟を決めよう」

初めて信清に解散の話をした。でもこれは後ろ向きな考えじゃなく、あくまでも前向きな考えで。解散したいわけじゃない。むしろ解散しないためにも、ずっと二人でお笑い続けていくために、やるんだ。本気でやるんだ。絶対に結果を出そう。約束した。

まあ、来年じゃなくて2年後ってところが、最高にビビりでかっこ悪いんだけどさ。


それからというもの僕らは死にもの狂いでネタを作った。作ったネタを舞台にかけて、練り直して練り直して、またかけて。そして新ネタを作って。繰り返した。ひたすらお笑いに向き合った。


そして翌年。大会の一回戦が始まる7月。そのギリギリ前の6月の終わりに1本いい新ネタができた。毎月やってる新ネタライブで、そのネタを初めてやった時、芸人人生で一番ウケた。無限大ホールの満員のお客さんの笑い声が、全身にビシビシッと響いた。ネタが終わり、袖で見ていてくれた同期のしゅんしゅんクリニックPが駆け寄ってきた。

「これ、絶対準決勝行くよ!!」

滅多に褒めないしゅんPが興奮して褒めてくれた。こいつは元医者というとんでもない特殊な経歴で、親も医者で国立大の医学部も出てエリートコースの人生だったのに、芸人の道を選んだスーパー変なやつだ。僕らの期で卒業ネタバトルで一位をとり首席で卒業してる実力者のこいつがこんなに言うのだから、信じてもいいかもしれない。誤診じゃないのを祈るのみだ。

それからはそのネタを信じて、舞台で叩き本番に向けて調整した。そして一回戦を無事通過し、鬼門である二回戦。ここを通過すれば、準決勝だ。

二回戦、新宿。明治安田生命ホール。僕らは3分間を駆け抜けた。無我夢中に、人生を乗せて。

*

結果、僕達は準決勝に進出することができた。

ホームページの合格者欄にある「サンシャイン」という文字を何度も確認した。何度も何度も確認して、確かに合格したことを現実として受け止められた時。ホッとしたなぁ。嬉しさや驚きよりも、真っ先に出てきた感情は安堵感だった。ひたすらホッとして、一気に身体の力が抜けた。あぁ、解散せずにすんだって。これでまだサンシャ

この
高鳴りを
僕は
青春と
呼ぶ

インを続けられるぞ。この世界にまだいてもいいんだ。あぁ、よかった。本当によかった。後で同期に聞いたら発表の時、信清は「イェーイ」って普通に笑顔で浮かれてたみたいだ。あいつ完全に忘れてたな。まあ、それはそれでいいんだけどさ。

発表の次の日、無限大ホールに行ったらいろんな人が「良かったな」と喜んでくれた。先輩、同期、後輩、関係なく。一番下のランクで、箸にも棒にもかからなかった僕らみたいなもんが、よくやってくれたと。皆、自分達のことのように馬鹿みたいに喜んでくれた。誰一人、余裕なんてない。毎日の生活すらままならない、売れてない金のない日々で。他人を思いやって、笑い合える。こんなのってなかなかできることじゃないよ。だから僕は芸人が好きなんだ。とびきりに優しい。優しい人ばっかりなんだ。お笑いの神様みたいなのがいるとしたら、ほんのちょっとだけ、ほんのちょっと認められた気がして。小学生の時に夢見た、あの人達に少しだけ近づけた気がした。この世界でまだ夢を見てもいい気がした。この時の神様は白ブリーフだったか、オーバーオールで腰が曲がってたか、どっちだったかな。

彼女も自分のことのように、喜んでくれた。眩しいほどに笑って褒めてくれた。母ちゃんはというと、すっかり退院して元気になっていて。

「大会とかようわからんけど、良かったやんね」

と喜んでくれた。好きな人が喜んでくれるほど嬉しいものはない。好きな人に褒められるほど嬉しいことはない。僕はこの二人の笑顔に目がないんだ。

僕らは決勝にまでは進めなかった。準決勝に行ったおかげで、呼んでもらえるライブや仕事が少しは増えたけど、人生がぐるっとひっくり返るということはなかった。

これからだ、これからもっといいネタを作るんだ。もっと。もっと夢中に。やるしかない。

この
高鳴りを
僕は
青春と
呼ぶ

14
あの日の清志郎は最高にセクシーだった

季節は冬になっていて、部屋の押し入れの段ボールからコートを出そうとしたら、奥から一冊のノートが出てきた。僕が高校三年の時に書いた将来の夢ノート的なやつだ。懐かしく中を見ると、「夢」と書いた一覧表に、

・年収1億円以上
・笑いで世界を救う
・親に世界一周旅行をプレゼントする

などと、顔からメラゾーマが出るような熱苦しい恥ずかしい夢が満載だった。ノー

トの表紙には太字のペンで「一笑懸命」の文字。

死にたくなった。これが小学生ならまだ「可愛い」で済むが、高校三年生で書いてるというのが劇的にヤバい。痛すぎる。いつだ。いつ書いてたんだこんなの。クラクラしてきた。

まあしかし、これだけ熱を持っていたのだな、光少年。おかげで少しずつその熱は報われてるぞ。若いのに立派や立派、と無理くり締めようとしたが、次のページをめくってビックリした。

・2005年9月。永田さんに告白。

「夢をかなえるために今やることリスト」の一番上に、当時クラスで好きだった娘に告白するという、全く関係なしの思春期全開のことが書かれていた。可愛いよ、光。もう逆に愛おしい。

しかし素直すぎるだろ。結局彼女が欲しかっただけかい。僕がグラマラスなセクシーレディだったら、今すぐタイムスリップしてこいつを胸にうずめてあげたい。

この
高鳴りを
僕は
青春と
呼ぶ

結局僕は、この娘に神社で告白して綺麗にフラれた。そんでショックで次の日学校を休んだ。それをその娘にメールで心配されて、情けなさすぎて布団の中で泣いた。

目が覚めた。頑張ろう。それしかない。てか世界一周旅行っていくらかかるんだ。英語も喋れない。こちとら英検5級も落ちてるぜ。家賃3万。月の給料1万。バイトはまだまだ辞められそうにない。

＊

2015年、5年目になった。ある晩、飲みすぎてソファに横になったまま寝てしまい、翌朝、暑さと喉の渇きで目が覚めた。いつの間にか春は過ぎ去って、一足早く夏は真っ盛りだ。汗だくで近くにあった昨日のハイボールの残りを飲んだ。ぬるいそれは当たり前に不味くて、軽く咳込んで、寝違えて痛めた腰をさすった。なんでベッドで寝なかったんだろう。いつもそればっかり思うよ。インスタントのどん兵衛に、冷凍してたご飯をぶっ込んで、かきこんだ。そういえば、昨日なんも食べてなかったな。

同じ時間、地元の福岡じゃ、永田さんが結婚式の最中だ。押し入れから見つかった一笑懸命ノートにも出てきた永田さんは、僕が高校の時にどうしようもなく片想いしてた娘で、たぶん5回ぐらい告白した。ピュアという言葉だけでは到底済まされない。なんて気持ち悪いんだ。見事に全部玉砕したが、最後の最後5回目で成功して。19の夏、とうとうOKをもらい、僕は史上最高のガッツポーズをした。

そんで2ヶ月ぐらい付き合って、結局フラれた。「普通の人がいい」って言われて。なんだよそれ。僕は普通のつもりでも、なんかどっか普通じゃなかったんだな。たぶんあの山と田んぼに囲まれた、福岡の片隅の田舎で、芸人になりたいって言ってた男はどっか変だったんだろうな。付き合ったっつっても、手を繋ぐのもやっとの芋くさい関係で、ダサくてしょうがなかったよ。

彼女から結婚式の招待状が来た。やはり友達の期間が長かったし、僕が告白しなけりゃずっと仲良い友達だったろうから。もちろん、地元の男友達や女友達も皆、結婚式には招待されてて。田舎だからさ、もう皆集まる、同窓会みたいなもんで。行ったら間違いなく楽しすぎるんだけど、僕は結局、ライブが入って行けなくて。どこかホッとした自分がいて。

あぁ、今頃、僕がどん兵衛をかきこんでる中、彼女はとても幸せなのだと。幸せなのだと思った。それでいいのだ。それがいいのだ。

渋谷の無限大ホールに行くと、入り口前で男の子に声をかけられた。聞いたら中学生だと。芸人になりたいんだ、って。僕らのファンで、写真撮ってくれって。ライブ、今から見ますって。とてつもなく嬉しかったよ。僕の憧れの芸人さんはたぶん、「ダメだ、公務員になれ」とかユーモア交えて笑わせてくれるはずだけど。僕はありがとねありがとねって、ユーモアの一つも言えず素直に喜んじゃって、ダサくてしょうがない。それでもとても救われた気がして。嬉しかったな。

その週末には浅草花月で、「ドキ！　プールがないのに水泳大会！」ってライブがあった。大人達がプールがないのに水着を着てはしゃぎまくるという、最高にクレイジーなライブで。初めて、足に紐をぐるぐる巻いて水が無いのに平泳ぎした。面白すぎる兄さん方を見て馬鹿みたいに笑った。終わってから、先輩のザ☆忍者の山脇さんに飲みに連れてってもらって。兄さん方の優しさに甘えてばかりの毎日だ。

風が気持ちよく、外のテーブル席で飲んで。隣の路地で、小学生の男の子と女の子が、あっち向いてホイで爆笑してた。僕らもさっきライブのコーナーで、あっち向いてホイで爆笑したばかりだ。まあ僕らのは四人でやる変則的でトリッキーなあっち向いてホイだったけど。かつての好きな娘や同級生が結婚して子ども産んで育てている中、27歳で水着を着てあっち向いてホイで笑ってるとは。最低で最高な日々だ。

どうか、君の生まれてくる子が馬鹿みたいに笑うような何かになれますように。なにやってんだよと馬鹿にしてくれたら万歳だ。

帰りに信清ん家《ち》に寄って、ネタ合わせを中止して、耕平や他の同期も呼んで、皆で『テレクラキャノンボール』のＤＶＤ観て死ぬほど笑った。傘ささずに濡れながら帰った。ちゃんと、おめでとうが言えてよかった。

コンビニで買ったハイボールを片手に歩いてたら、目の前のベロベロに酔っぱらった兄ちゃんに、気をつけて帰れよ、と言われた。てめえもな、と言えるわけもなく。いやまだ自分1本目なんで、となんか変な嘘ついて終わった。なんだよそれ。

家に帰ると録画してた忌野清志郎の追悼特番を観た。ミュージックステーションで篠原涼子にキスしてた清志郎がとても羨ましかったのを思い出した。最高にセクシーだったんだ。

15 いつかその時がきたら

5年目、28歳の夏。8月31日。ルミネtheよしもとで単独ライブをやることが決まった。決まった瞬間に、胸が高鳴って心臓の音が聴こえた。世界がグニャッと曲がった。嬉しさとプレッシャーで僕の世界は簡単にひっくり返ったよ。

東京、新宿のど真ん中に位置するルミネtheよしもと。東京吉本が誇る最高位の劇場。連日連夜、テレビで大活躍している売れっ子の一流芸人の方々が出演している。このルミネで単独ライブをすることは若手芸人の夢。そしてステータスでもある。ルミネで単独ライブをできるのは実力と人気を兼ねそなえた人達のみで。実際に単独をやっているのは、もうすでに売れている一流芸人や、10年目などの節目を迎えた兄さん方ばかりだった。僕らの周りの若手でも、もうすでに若手注目株としてテレビに出ていた先輩のニューヨークさんしか経験者はいなかった。なもんで、こんな僕らみたいなもんがルミネで単独をするなんて到底ありえないことだった。

それがなぜ決まったかというと、事の経緯はこうだ。僕らサンシャインは、ルミネの前説やロビーでの広報活動をする「ロビーズ」というユニットに所属していた。予定なら8月31日は6組ほどいるロビーズの皆で、7月から始まった「夏の単独祭り」というイベントの最終日を飾るユニットライブをすることになっていたが、リーダーのゆったり感さんが急遽別の仕事で出演できなくなり、ライブは延期になった。ライブの枠だけが空くということで、チャンスだと思い、ダメ元で劇場の支配人に単独ライブをさせてほしいとお願いした。それがまさか通ったのだ。青天の霹靂。ありえないと思っていたので、自分でお願いしたくせに、めちゃくちゃ驚いた。今思えば支配人はこんな知名度も実績もないぺーぺーの若手によくこんな大博打を打ったな。感謝しかない。

すぐに信清にLINEした。

「とんでもないことになった。ルミネ単独決まった。いけるか？」

「わっしょい！」

「この夏、死ぬから覚悟しよう」

「おけ！」

この
高鳴りを
僕は
青春と
呼ぶ

なんやこいつ。今から戦争行くのに、おけ！　ってなんだよそれ。ローラでも言わねえよ。死ぬの怖《こわ》ないんかこいつ。

ルミネ単独開催の条件は、お客さんを満員にするのはもちろんのこと、ルミネの伝統と名前を汚さない最高の内容であること。単独ライブといったら、公演時間90分なら大体新ネタを10本弱。そしてネタの合間のＶＴＲの作成など、ただでさえ開催するのに相当な準備と時間を費やすのに、満員や伝統なんか言われたらたまったものじゃない。

そしてこの単独までの2ヶ月の間にお芝居の舞台が2本決まっていた。どうするんだ。いつもはこんなことないのに。舞台の稽古、本番以外を全部単独の時間に当てて、いつ寝るんだ。寝ずにやったらどうにかなるのか。どうにもならないだろ、これ。

それなのに、なんだ信清のこの余裕は。僕なんか、すぐにプレッシャーで頭痛が来て同期の薬剤師芸人から頭痛薬１００錠貰ったのに。まあ安心したせいか、本番まで1錠も使わなかったけど。

本物すぎて嫌になるよ。僕はずっとこいつが羨ましい。

ルミネのキャパは５００席近くあった。僕らは人気もないしメディアにも出てないし、福岡の単独ライブの時みたいに地元の友達を呼べるわけもなく、集客には絶望的に頭を抱えた。単独開催が決まったのは6月の終わり頃で。先行チケットは50枚も売れていなかった。あと2ヶ月で450人、そして新ネタを10本。途方に暮れて、今すぐにでも逃げ出したかった。

辞めた同期達にも声をかけて。来てくれるってやつはもちろん、友達もいっぱい誘うからよって言うやつもいて。辞めて名古屋で働いてる同期もわざわざ友達と来てくれるって。仕事でどうしても行けないけど、頑張れよとメールをくれたやつもいた。ありがとうだけじゃ足りない時はなんて言えばいいんだ。

集客問題を解決する見通しは立たなかったけど、それでもやるしかないから、必死こいて毎日を駆け抜けた。2ヶ月間毎晩、朝までネタ作りをして、ライブして。その他の時間はいろんなところでチラシを配ってチケットの手売りをして。寝る間を惜しんで、準備に没頭した。代々木公園で路上ライブをしたり、居酒屋に入り僕らのことを全く知らない人達に声をかけて手売りしたりもした。おかげで少しずつ、少しずつチケットも売れていった。ただあまりのしんどさに、高校の時、毎日部活で泣いてた時を思い出した。明らかに、それよりもしんどい。

ルミネ単独本番当日の朝まで、寝ずにネタを作って。1本の漫才がどうしても納得

この
高鳴りを
僕は
青春と
呼ぶ

行かなくて、何度も台本を練り直した。体力的にも精神的にも限界すぎて、ずっと「ヤバいヤバい」って言ってた気がする。

本番当日、不安すぎて開演ギリギリまで台本を持ってネタ合わせした。ネタはウケるだろうか。間違えずにできるだろうか。お客さんは来てくれるだろうか。次から次へと湧いて出てくる不安を打ち消すように練習した。そしたら開演前、「ロビーに人がいっぱいで本番押します」と舞台監督さんに言われて。楽屋でスタッフさん達にも、お客さん入ってるぞと教えてもらって。当日券で来てくれたお客さんもかなりいたみたいだった。

出囃子《でばやし》のNUMBER GIRLの「透明少女」が流れた。暗闇の中、ゆっくりと幕が開いていく。音が鳴りやみ、舞台に光が射す。僕は勢いよく飛び出した。

目に映ったのは、今まで見たことないほどの満員のお客さんだった。

たまんなかったよ。嬉しかったなー。僕らはどうにか90分を駆け抜けた。ラストコントのオチ台詞を叫んで、暗転したら、ぶっ倒れるかと思った。終わった解放感で、全身の血がドクドクと逆流して噴き出るかと思ったよ。

エンドロールが流れて、ａｎｄｙｍｏｒｉの曲がかかる。「サンシャイン」って曲なんだよ。たまたま単独ライブ前に偉大な先輩のマンボウやしろさんの家で呑ませてもらう機会があって。好きな曲選んでくれよ、って言われて、ａｎｄｙｍｏｒｉのライブＤＶＤがあったから、「サンシャイン」をかけた。タイトルがコンビ名と一緒だからってよりも、僕がこの曲が好きすぎて。やしろさんもａｎｄｙｍｏｒｉが好きらしくて、「ルミネってのはバンドマンの武道館と一緒だからな。頑張れよ」って。その言葉にしびれて。

それを思い出しながら、エンドロールが終わって舞台に出たら沢山のお客さんがいて。隣で信清がギャグやって。「こいつの分も稼ぐからよ！」って客席にいた信清の家族みんなに叫んだら、信清の母ちゃんもお客さんも皆笑ってくれたから、僕はもうずっとこんなんが。ずっとこんなんが続けばいいと心から思ったよ。


終わった後、福岡から観に来た母ちゃん、兄ちゃんの嫁さんと姪っ子達が楽屋まで来てくれて。東京のど真ん中で、母ちゃんに単独ライブを観せられたってのはすごい嬉しかったよ。母ちゃんにライブを観せるのは上京する前の福岡以来だ。どうやった？　って聞いたら、

「あたしゃ、あんたのこと息子やと思ってもう見とらん。芸人やと思って見とる。笑わせてもらいました」

なんやこのドラマみたいな台詞。絶対飛行機で考えてきたやろ。やっぱあんたの血が流れてるわと思いながら、思わず笑ってしまった。高校の卒業式の時には、腹式が甘いとか言ってたのに。僕はやっぱりこの人には勝てない。

母親がどうしても彼女に会わせろと言うので、単独を観に来てくれてた彼女に楽屋のところまで来てもらって、母ちゃんら家族に紹介した。人生で初めて親に彼女を紹介した。まさかそれが憧れのルミネの楽屋とは。田舎のモテない、しがないお笑い好き少年だった頃には想像もしなかったことだ。ただ、こんなの初めてで急に恥ずかしくなって、ぶっきらぼうに、

「ああ、えー、彼女……です」

いつまでダサいんだ。ちっともスマートになれない。しかし、さすが女子たち。当の本人を差し置いてすぐに打ち解けて連絡先を交換していた。もう好きにやってくれ。

一緒に観に来てた4歳の姪っ子は、僕にプレゼントがあると。一冊の手帳をくれた。「ひかるくん」って、覚えたばっかりの字で描かれてて。おじさん泣いちゃうよ。お前がおっきくなったらなんでも買ってやるからな。チャラい変な輩なんか来たらぶっと

ばすかんな。芸人なんか来たら速攻ぶち殺してやんよ。世界は愛でできてるぞ。

その後、ルミネのスタッフさん、裏方さん含め、皆で夏の単独祭りの大打ち上げをして。ルミネのこんな偉大な夏の終わりに、トリを飾る芸人として携われて良かった。夏休みが終わる8月31日。小さい頃、いつまでも終わってほしくなかったこの日が、大人になって改めて特別な日になったよ。

支配人からも「よく乗り越えた」と褒められた。一緒に単独の成功のために奮闘してくれた担当の社員さんも泣いて喜んでくれた。来てくれたお客さんからのアンケートやツイッターなんかのコメントを読んで、酒飲んだらすぐに酔っ払った。極上の肴だよ。いつだってこの瞬間のためだけにやってる気がする。

いつもありがとうな。もっと、もっとやるかんな。駆け抜けて駆け抜けて、全部返すかんな。あなた方の人生を、過去を、未来を肯定する何者かになれたら。

強く強くゆっくりと覚悟した。

打ち上げが終わって、帰り道。ベロベロで腹いっぱいだったけど、一人で豚骨ラーメンを食べて帰った。ゆっくりゆっくり歩いて帰った。東京の夜だって、こんなにも綺麗なのだ。

＊

夏が過ぎ、季節は冬になった。

隣では母ちゃんの寝息の音と、テレビから無音で流れる韓流ドラマ。明日は朝遅いから夜更かしやと言っていたのに、早々にテレビつけっぱなしで寝ていた。途中で寝落ちするのと、たまに聞こえる歯ぎしりの音も。僕が持ってる10個ぐらいの癖のいくつか。やはりあなたのものかと再確認した。

久しぶりに福岡の実家に帰ってきていた。上京してからは、実家に帰るのは年に1回あったらいいぐらい。なんせ飛行機代もバカにならないし、夜行バスとなると運賃は安いが15時間もかかって一撃で腰をぶっ壊されてしまう。頻繁に地方営業を貰うほど売れてもいない僕らは、よっぽどじゃなきゃ地元に帰ることはなかった。

福岡の夜。地元の駅近くの居酒屋で友達と飲んでいて。終電はとっくに逃したもんだから、とぼとぼと、ゆっくり歩いて帰った。月がとても明るくて。空気は真っ白に冷たく、星が澄んで光るのを久しぶりに見た。コンビニで貝柱とさけるチーズと、ホット缶コーヒーを2本買って、両ポケットに入れて歩いた。微糖よりカフェオレのがあったかいのな。知らなかった。たまたまかな、どうだろ。

国道209号線をまっすぐ、ひたすらまっすぐ。
しばらくすると、3年間通った高校が見えてきた。
高校の校門には全国大会出場の垂れ幕がいくつかあって。その中に剣道部の男子の名前があった。個人で全国大会だってよ。すげぇなあ。僕も剣道部だったけどレギュラーにも補欠にもなれなかったからな。当時の僕でもこてんぱんにされちゃうよ。高校の前には、もうあのビデオ屋はなかったよ。『一人ごっつ』も、『岸和田少年愚連隊』も、『高樹マリア』も全部ここで出会った。嗚呼、性春のベストプレイス。クラスの女子や担任にバレないようにこそこそ入ってたけど、今思えばとっくにバレてたんだろうな。そういえば笑いも怒りもしない、いつもメガネの女店長さんはどこに行ったんだろう。どっかでまた、さえない男子高校生らを見逃してくれてるのだろうか。だといいなー、だといい。

この
高鳴りを
僕は
青春と
呼ぶ

国道209号線をまっすぐ、ひたすらまっすぐ。

高校3年間、毎日自転車で通った道だ。

いつも行ってたラーメン屋はまだあった。当時でも400円で替え玉付きでラーメン食えたの奇跡だよな。東京じゃ一杯1000円近くするもんな。当時バイトにいた3個上の森田君、聞いたら10年経ってもまだ働いてるんだと。いや、どんだけいいんだよ。わかるよ、居心地いいんだろうな。

あそこの靴屋は回転寿司屋になってて、よく行くCDショップは潰れてた。バカみたいに流行ってた古着屋はたこ焼き屋になってて、中学の先輩が卒業したら皆こぞって働くセブンイレブンは、駐車場がまたでっかくなってた。


変わっていくものと、変わらないもの。ゆっくり見つけながら歩いて帰った。僕がちっちゃい頃からずっとある古びたラブホテルのネオンが遠くでずっと光ってる。ぼんやりとゆらゆら。時間があそこだけ止まってるみたいだった。

10年前に聴いていた銀杏BOYZを、今もおんなじように聴いて歩いた。歌は相変わらず優しかったよ。僕は変わったと思ったけど、なんも変わってねえんだろうな。

いつだって気が弱くてへなちょこだ。かっこ悪くてたまんない。バシッとかっこつけたい。

今回の帰郷のメインは先輩芸人の一平さんの結婚式。一平さんは僕らが福岡で大学生の時一緒にアマチュアでお笑いをやってた「お笑い番長」時代の先輩で。今でもフリーでお笑いをやっていて、20歳ぐらいの頃からずっとお世話になってる僕らの大恩人。今でもお笑いのことで相談するし、僕は頭が上がんない。そんな先輩から、余興してくれと頼まれたら断る理由なんてない。九州で活躍してる土居上野と、今は懐かしいサボテンと、僕らの3組。僕らとサボテンは上京して吉本に入ったが、土居上野はナベプロの九州支部に所属していた。この日ばかりはサボテンの大復活だ。

長木にも3年ぶりに会った。転勤などもあり、今は大阪で営業の仕事をしているらしく。久しぶりに見る長木は、漫才をしていた時よりもスーツ姿が似合っていた。しかし再会を懐かしもうにも、そんな余裕はない。宴会芸とかモノマネ芸とかあるならまだしも、そんなに器用じゃない僕らは、結婚式なんかでウケるネタが一個も無い。僕らは頭を抱えたが、こうなったらやるしかない。そうだろ、僕らはいつだってそうだろ。

それでも、3組で袖でスタンバってる時には、なんだかとても込み上げるものがあった。

長木は辞めちゃったけど今の仕事を必死に頑張ってるし、古賀も新しく別のコンビで頑張っている。土居上野は、地元福岡でもうバンバン、テレビに出てリポーターや街ロケなんかをしてる。すごいことだ。まあ僕らはというと相変わらずパッとしない日々なんだけれども。見渡せば皆、出会った20歳の時に比べたら完全におじさんになってる。信清なんか20キロも太ったし、古賀に至ってはスキンヘッドにして髭はやしてるから、もはや別人だ。そっちの筋のおじさんにしか見えない。なのに喋ったら皆、中身はちっとも変わんない大学生のままなんだもん。全く嫌になるよな。

余興が始まった。名前を呼ばれた土居上野がトップバッターで飛び出た。そして次にサボテン。久しぶりの漫才に二人とも苦戦しているようだが、それも無理もない。なんせ3年ぶりにやってるのだから。大丈夫だ。僕らがいる。後は任せろ。サボテンが袖に戻って来た。

「取り返してやる」

そう言って、二人の肩に手をかけた瞬間。なんだか、あの頃の青春が、福岡でのお笑い番長での日々が、東京で一緒にもがき苦しんだ日々が、恥ずかしくなるような夢中の日々が一瞬で全身を駆け巡った。まるで走馬灯のように。次から次へと。皆でM-1の一回戦に初めて受かったこと。二回戦の帰りに一緒に京都旅行に行ったこと。上京した日にキッチンの前で写真を撮ったこと。深夜のネタ見せのダメ出しにへこんだこと。その翌朝に食べた富士そばが美味しかったこと。中庭のベンチでお前が覚悟を決めた時のこと。夜通しお笑いを語り合ったこと。全部。全部。たまんなかったんだ。忘れらんねえよ。

結果、気負いとか関係なく3組ともスベった。スベりすぎて、一平さんのお父さんの最後の挨拶で、「まあ漫才はスベってましたけど……」のイジりが、今日イチの笑いを叩きだすぐらいだった。僕らの後の、友人代表の人達の、とにかく明るい安村さんのパロディの方がよっぽどウケてた。思い出に浸ってる暇はない。早急に裸芸を作らねば。早急にだ。

そのあと、お笑い番長の時の仲間達と三次会まで飲んで、一平さんをホテルまで見送った。もう時間も時間だし帰るかって流れになったけど、誰も帰ろうとしない。こうなったら、僕らはもう「ネクストキス」なんだよ。

この
高鳴りを
僕は
青春と
呼ぶ

ネクストキスってのは、昔このメンバーでよくやってた遊びのことだ。じゃんけんで負けた二人が口論をし、その流れの勢いでキスをしたら仲直り、というテレビでダチョウ倶楽部さんがやっていたようなくだりを延々やるやつで。当時、僕らの打ち上げ終わりはいつもこれだった。寒空の下、男同士のキスを20パターンぐらい見た。そんで、帰りに皆で豚骨ラーメン食べて帰った。なんでベロベロの時の豚骨ラーメンってあんなに美味いんだろう。塩でも醤油でも家系でもないんだよ。豚骨なんだよ。豚骨ありがとうだよ。

〆のラーメン食べた後は、「じゃあまたな」っつって、皆とバイバイした。信清と古賀以外は次いつ会うかもわかんないんだけど。長木なんて会うのは3年ぶりだし、今住んでるの大阪だし、次なんていつ会えるか本当わかんない。

それでも、明日また学校でな、ぐらいのノリでバイバイして。こんくらいで、こんくらいがちょうど良い。僕らにはこんくらいが良いんだ。

国道209号線をまっすぐ、ひたすらまっすぐ。

そうこうしてるうちに家に着いた。2時間冬の凍てつきに耐えるのはなかなかのもんだ。月はまあるく広がってて、夜が少し滲んだ。

部屋に入ったらなぜか僕の布団で母ちゃんが寝ていた。電気は付けっぱなしだし、韓流ドラマは流れっぱなしだ。ふと携帯を見たらメールで、「今日は寝場所を交換しよう」とあった。いやなんでだよ。あんたが帰って来た時のために良い布団を買ったのよウフフと、自慢げに言ってたくせに、いや自分が寝るのかよ。

あぁ、やっぱりこの人には敵わねえなぁ。夜のまにまに。少しずつ、時間と共に変わっていくものの中で、変わらないものがひとつある。僕は彼女を幸せにしたいのだ。

この
高鳴りを
僕は
青春と
呼ぶ

16 僕がしたかったのだ

芸人になって6年目、29歳。僕の人生はこの日を境に、全く別のものになった。
6年付き合った彼女と別れた。
東京に出てきて、芸人になってからずっと支えてくれた彼女だ。
僕より1個下の彼女と、6年。始まりは僕がまだ養成所生で、彼女は学生の時で。
まだ互いに青く若かった頃から、これまで。なんの贅沢もさせてあげられなかったが、
数え切れない思い出がある。

いつだったろうか。ひょっとしたら彼女は覚えてないかもしれないけど、一度だけ
こんなことがあった。

二人で一緒に行こうと約束してた近所のラーメン屋。真夜中にどうしても食べたくなって、我慢できずに、彼女が寝てることをいいことに、部屋をこっそり抜け出して一人で食べに行ったことがあった。ラーメンに満足して、こっそり部屋に戻った時、つい物音をたててしまい、寝ている彼女を起こしてしまった。「どこ行ってたの？」と聞かれたので、仕方なく「あそこのラーメン、食ってきた」と正直に答えた。

「美味しかった？」

「……うん」

「そう、よかった」

そう言って少し笑うと、彼女はすぐにまた寝なおした。君は覚えてないだろうな。寝ぼけてたかもしんないしな。いつもはすぐ怒るくせに、こんな時だけ許してくれるんだもんな。ずるいよ。君は知らないだろうな。あの時の寝顔に僕がどんだけまいっちゃったか。

20代のかなりの時間を互いに寄り添い、同じ景色を見てきた。これからもずっと同じように見ていく、はずだった。

お互いの景色にズレが出てきたのはいつからだろうか。始まりは同じだった。なの

この
高鳴りを
僕は
青春と
呼ぶ

にいつまでも結果を出せず、何年経っても変わらず同じ場所で不安定な日々を送る僕。対する彼女は、泣いてばかりいた最初の頃と違い、着々と営業成績で結果を出し、社内で最年少で役職に就くほどにまでなっていた。

どんどんと先を歩き、人としても魅力的に成長していく彼女に、昔のように「すごいね」と心から褒めることが僕はできていただろうか。対等な立場で、同じ目線で歩んでいただろうか。焦りが、不安が、憤りが。不甲斐ない自分の沢山の感情に気づいた時。それを彼女に感じさせてしまった時。もういろいろと間に合わなくなってしまっていた。

ある日、ふとした喧嘩から取り返しがつかなくなって。将来のことや、結婚のこと、いろいろなことが理由で、彼女に別れを告げられた。彼女と出会って6年、僕の世界に彼女は当たり前のように存在していて。彼女がいなくなることなんて到底考えられなかった。考える必要がなかった。

次の日に区役所に行って婚姻届を持って、一人暮らしの部屋で寝てる彼女を起こしてプロポーズした。あの時の婚姻届の重さったらなかったな。紙切れ一枚、重さ1グラムにも満たない紙が、両手じゃ抱えきれないぐらい重かったよ。

「結婚しよう」

一世一代のプロポーズには、驚くほどに何の飾り気も、混じり気もなかった。これ以上言うと、全部嘘になる気がして。ありったけの想いを短く込めた。

「少し考えさせて。……もう帰れないでしょ、泊まっていきなよ」

「……うん」

彼女が眠る横で、朝まで寝たふりをした。全然眠れなかった。欲しい返事はすぐには貰えなかった。もう彼女の寝顔を見ることはないかもしれないな。そう思ったら、もうたまらなかった。

次の週末、返事を貰うために1週間ぶりに彼女に会った。彼女がずっと行きたがっていたレストランを予約した。記念日でもないのにこんな高いところに来るのは初めてだった。

いざ会ったら、いつものようにこの1週間にあったことをお互い話した。週末に会う僕らの、6年間の習慣だった。たわいもない話をしてたら、本題に入る前にいつの間にかコース料理を食べ終えてしまった。どうしようか、とお互い小さく笑って、移動しようかと店を出た。

このあとのことなんて全く考えてなかったものだから、どうしようかと佇んでたら、

この
高鳴りを
僕は
青春と
呼ぶ

ここでいいよと近くの小さなカラオケ屋を彼女が指さした。部屋に入ったら、さっきの空気の感じじゃなくなってて、重苦しさを紛らわすように何曲か歌った。そういえば、僕が彼女に告白したのもカラオケ屋だった。

6年前の新宿。何度かデートを重ねて、その日終電を逃した僕らはカラオケ屋に入ったものの、二人ともカラオケ苦手だからって一曲も歌わずに、ずっと朝まで話した。途中、眠いね、って君が先に寝て。君の寝顔があまりにも可愛かったから、思わず告白したんだよな。その時も寝たふりしてたよな。ずるいよ。あの時も本当は寝てなかったんだろ。

「ごめんなさい。あなたの気持ちに応えられなくて」

真剣な彼女の顔に覚悟が見えて、これ以上は何も言えなくなってしまった。そうか、と彼女の部屋の合鍵を返した。

「仕事、70歳まで頑張るんでしょ?」

「うん」

半年前ぐらいに二人の将来を占ってもらったことがあった。占いのおばあさんがうさんくさくて僕は信じてなかったが、彼女はそれを聞いて嬉しそうにしていた。あの日の占いを確かめるように、彼女が繰り返した。

「来年、売れるんでしょ？」

「うん」

「私達、相性いいんだよね？」

「うん」

「子どもは二人なんだよね？」

「うん」

「二人とも女の子なんだよね？」


「なんでそんなこと言うんだよ」

震える声で僕が言うと、その日初めて彼女が声を出して泣いた。

答えはもう出たものの、それでも諦めきれなくて、僕は1年後もう一度プロポーズするって勝手に約束した。人を笑わせるという仕事に就いていて、大事な人を泣かせてるということが、不甲斐なくて惨めでしょうがなかったよ。

この
高鳴りを
僕は
青春と
呼ぶ

別れた夜に、どうしようもなくなって同期のランパンプスの小林に電話した。そしたら小林がみんなに声をかけてくれて。しょうもない29歳のたかが失恋のために、同期の仲間達が真夜中に駆けつけてくれた。辞めた同期が店長をしているバーを貸し切ってくれて。僕が6リットルぐらい泣いてるのを馬鹿みたいにイジって笑い飛ばしてくれた。

歳いった30近いおっさん達が10人くらいでほぼ全裸で「はっぱ隊」を踊って。それはそれはふざけた光景で。そりゃフラれるわと泣いて、僕は踊った。相方の信清も来て、全く飲めないくせに、生ビール一気飲みして、あの区役所かと言って、窓際から見える僕が婚姻届を貰った区役所に、なめんじゃねえとエアセックスしだした。歌舞伎町の真ん中で、区役所と全裸でエアセックスする金髪のとっつぁん坊や。腹ちぎれるぐらい笑ってしまった。僕はあいつには頭上がんないな。本当にしんどい時に、さらっと助けてくれるのはいつもあいつだったりする。普段は馬鹿すぎてぺちゃんこにしたいぐらいムカつくんだけど、僕はお前にとても感謝したりしちゃってんだよな。

＊

それでも、僕は勝手に1年後にプロポーズすると約束したものだから。なんとか、なんとか結婚できるように、目の前の仕事に打ちこみ、貯金できるように新しくバイトなんかも始めて、もがくにもがいた。

翌年の1月すぎに、彼女から、新しく彼氏ができたと聞かされた。

なんだよそれ。ふざけんなよ。

とどめを派手にもらった。僕は本当に情けない、しょうもないなと思った。そりゃそうだ、そりゃそうなんだよ。

相手のことを聞くと、人柄的にも、経済的にも申し分なくて。そりゃ、そっちを選ぶよ。口ばっかりで何にも結果も誠意も見せられないのなら、それはそうだよ。彼女は何にも悪くないんだぜ。それに対して、ふざけんなよって言ってる自分が情けなくてしょうがない。しょうもねえよ本当。

その夜も僕はまた同期のみんなに甘えて、馬鹿みたいに泣いてしまった。朝まで、カラオケでまた6リットルぐらいの涙を流してその夜を過ごした。その時の、涙と鼻水で窒息しそうになってる、いい大人が本当に気持ち悪い動画を、ついこないだの自分達のトークライブで流したら、お客さんが馬鹿みたいに笑ってくれて。救われたなぁ。アンケートに、「笑っちゃいけないと思いましたが、最高でした！」という声がいっぱいあった。僕は僕で、人生で一番泣いた夜を、みんなに爆笑されて、それを見て自分で爆笑してしまった。自分の地獄のような光景が、単純にとても面白かったのだ。こんなへんてこな仕事、なんなんだよ本当。僕はもう、この仕事に当たり前に焦がれてしまってる。

小さい頃から、いつだって、どうしようもない不幸を、悲しみを、眠れない夜を肯定してくれたのは、お笑いだった。高校の時初めて告白してフラれた夜も、『ごっつええ感じ』のＤＶＤ８時間連続で観たもんな。

それでも、だからこそ、こんな仕事に就いていて、大事な人を笑わせられなかったことが、とても悔しいのだ。一番笑わせたかった人を、笑わせられなかったことが、悔しくて不甲斐なくてしょうがない。

最後に彼女から連絡が来た時、僕は返事ができなかった。幸せになってな、という一言がどうしても言えなかった。僕は彼女に幸せになってほしいんじゃなくて、僕が幸せにしたかったんだ。僕が君を幸せにしたかったんだよな。

今思い出しただけでも、涙で景色がぼやけてしまう。いつかまた、もっと笑い飛ばせるように、全ての馬鹿みたいな不幸を、嫌になっちゃう夜を。僕はこの仕事に胸を焦がす。呆れるぐらい夢中なのだ。

この
高鳴りを
僕は
青春と
呼ぶ

17 白い椅子

本社で深夜のネタ合わせを終え、いつものように歩いて帰る。電車賃分浮いたぜと、コンビニで缶ビールと貝ひもを買う。いつものように帰り道のコンビニに寄り、「ヤングジャンプ」を立ち読みして、『キングダム』に胸を打たれる。

7年目を迎えた今も、いつもを繰り返してる。

夜が朝に変わるいつもの隙間に、ゆらゆらと歩く。朝が今日はやたら遅くて、秋になったのだと感じた。

いつもの帰り道、使ったことのないバス停の前、小さな白い椅子が置いてある。誰かの手作りのような、大人二人も座れないような、小さな白い椅子。初めて見た。5

年住んでるこの街にこんな椅子は見かけなかったけど、なんだかとても座りたくなって。椅子に座って、来るはずのないバスを待って、2本目の金麦を開けたらなぜだか涙が出た。なんだか全てがどうでもよくなって、その次の瞬間にどうでもよくならなくなった。

目の前の道路で信号待ちしてるトラックの兄ちゃんと、悪趣味な黒いスポーツカーに乗ってるおじちゃんに変な目で見られた。

とたんに恥ずかしくなって、残った金麦を飲み干して椅子から立った。

家では同居人が朝から洗濯機を回していて、明日が晴れなのだと知る。

初めて見た椅子は、何十年も前からあったかもしれないし、明日にはないかもしれない。もしかしたら本当は酔っ払ってた僕が作った幻かもしれない。

高校生の時に兄ちゃんから貰った黒いメッシュの帽子。東京に来てまもない頃に、下り坂を自転車で下りた時に風に飛ばされたまま、どっかに無くしてしまった。とても悲しくなったけど、自転車のブレーキを止めることはなかった。なんであの時止めなかったんだろう。帽子は飛んで僕のもとから消えただけで、世界から消えたわけじゃなく。無くしたものは、無くなったわけじゃなくて。お気に入りのあの帽子はきっとどこかにあって、誰かが被ってるかもしんない。

明日は晴れるみたいだ。

*

6月9日。僕はYCCの授業の一環で、配信番組に出演した。スタジオは神保町花月だった。

NSCが芸人の養成所なのに対して、YCCは裏方さんの養成所で。僕達の7年後輩の養成所生の番組にゲストとして出ることになった。生徒達の、不器用ながらもキラキラとした情熱に打たれ、ああ、7年前はそうか、そうだったかと思い、またも胸を打たれた。

帰り道、九段下の坂を、何度も何度も登ったあの坂を自転車で登る。途中にある武道館の前に、いくつかの人だかりがある。Ｔｈｅピーズの30周年のライブがあったのだ。もうライブはとっくに終わってて、熱冷めないファン達が座って喋って酒を飲んでいた。僕はＴｈｅピーズの世代じゃないけど、単独ライブのタイトルにするぐらい曲が好きで。仕事が無ければ武道館にも行きたかったから、ちょうど神保町からの帰り道、自転車から降りて武道館の入り口まで歩いた。撤収作業はもうほぼほぼ終わって、人は全然いなかったけれど、さっきまでそこに、そこに魂があったのだと、強く感じた。きっとそこでなにものにも代えがたい瞬間が、歴史があったのだと。しびれるようなさ。決して僕は酔っ払ってたわけじゃないよ。

バンドを、同じ仕事を、人生を、30年続けるってどういうことなんだろう。

僕はこの夏、30歳になる。8月4日。あと1ヶ月ぐらいだ。僕が生まれる前からロックをして、僕の人生分の年月を丸ごとロックに捧げて。こんな若造の人生に光を注いでくれている。なんなんだよ、もう。勝手に僕は繋がってる気がして。僕もまだ見ぬ誰かに繋げてる気がしてる。

＊

ありがたいことに、一泊二日で、北海道に仕事で行かせてもらうことがあった。「エンプティステージ」という、六〜七人で他の芸人とチームを組み、お客さんからお題を頂き、そのお題を使った即興コントで楽しませるというイベントだ。

リーダーのバッファロー吾郎の竹若さんは、僕らより20年以上も先輩で。ナインティナインさんらと組んだ伝説のユニット「吉本印天然素材」のメンバーで、初代キングオブコント王者。こんな偉大な先輩と一緒にできるなんて、ありがたい限りだ。僕らサンシャインなんてもう、全くといっていいほど知名度もないし、一緒に行く兄さん方と比べたらぶっちぎり芸歴も短い若造だ。そんな中での初めての地方公演の参加で、とんでもなく緊張とプレッシャーがあった。しかし実際に行けば、素晴らしくあったかいお客さんで。ステージは楽しくて楽しくてあっという間だった。

終わりに、ロビーで出演者全員のサイン会があった。僕はいつもこのサインってのをする時に「僕なんてもんが」と思ってしまって、恥ずかしくてたまらない。なのに相方の信清はスラスラと書く。もうそれは昔から、流れるように。どうしてそんなふうに書けるのかと聞いたら、「中学生の頃から練習してた」と。なんだこいつ。なんだこいつは。勉強しろ。授業を聴け。俺に誘われるまで上京する気なかったって言ってたけど、嘘だろこいつ。

とは言いつつも、サインなんて求められるのは東京でのライブ後ぐらいで、しかもそれすら稀なことで。地方でなんて全然ない。なんせテレビには全然出てないし、地方に営業に行くこともないこんなぺーぺーのサインを欲しがる人なんているわけないのだ。

公演が終わり、お客さんが兄さん方に次々にサインを求めるのを見ながら、まあそりゃそうかと思っていた。そんな中、僕にサインをくれと言ってくれた若い男性がいた。本当かよ。こんな嬉しいことはないよ。その後も、数少ない深夜番組なんかで知ってくれていた女性の方達や、「面白かったから」と言ってくれたおじいちゃんにサインを求められたりした。

僕は九州、福岡の隅っこの田舎で生まれて。こんな日本の真反対で、お笑いが、誰かを少しでも満足させられたかと思うと、もう言葉が出ないぐらい嬉しい。嬉しいのだ。たまにぶっとばされて折れそうになる日々を、ググッと支えてくれるのはいつだってお客さんのそんな顔や笑い声だったりする。

やりたいことが沢山ある。姪っ子甥っ子ちゃん達のほっぺに2万回すりすりしたい。母ちゃん父ちゃんに温泉を奢りたい。呆れるほど面白くなりたい。

あと1ヶ月もしないうちに僕は30歳になる。思い描いてた未来とは全く違う。なんにもうまくいかない。違いすぎて吐きそうだ。地獄のような日々。大人になんてちっともなっていないじゃないか。それでもなにかやらかしてみたい。いつでもドキドキしていたい。


ついこないだ、同期の家でみんなでバーベキューをしてはしゃいでいたら、警察の人にうるさいと怒られた。「大学生？　まあほどほどにね」と言われ、「すいません、大学最後の夏なんでつい」と嘘ついた。

「一応、身分証明見せて」と言われ、すぐ29歳ってバレた。

「え？　お兄さん僕の一個下？　同世代なの⁉」

あまりの恥ずかしさに気絶しそうになったが、スピーカーから流れる音楽が僕らを助けてくれた。

「DA PUMPじゃん‼　本当に同世代なんだね。夏、楽しみましょう！」

なんだよそれ。一瞬で全部を超越した。

結局はさ、そんなもんを、そんなとてつもないもんを作りたいよな。ごきげんだぜっ！

18 東京

芸人7年目、30歳の秋。

10月13日。僕のスーパーヒーローの一人、峯田和伸率いる銀杏BOYZの初の日本武道館。僕は銀杏好きの芸人達と観に行くことができた。3時間前に物販並んだのに、グッズをなにも買えなくて途方に暮れたけど、始まってみたらなんのその。一曲目、「エンジェルベイビー」が流れた瞬間、全ては吹っ飛んだ。追い求めて追い求めてぶちのめされて、それでも追いかけて掴もうとしてる人の声はとても美しかった。

峯田さんが一番たくさん歌ってきた思い入れのある曲を歌う、と言って、「BABY BABY」が鳴った瞬間。今までの人生が、想いが、一瞬で全身を駆け巡った。僕のどうしようもないくそったれな人生を、青春を、助けてくれた。僕のヒーローは今も

この
高鳴りを
僕は
青春と
呼ぶ

こんなにもかっこ良くて、嫉妬と羨望に胸を焦がし、同時に不甲斐ない自分に参っちゃったよ。

この日、セットリストには名曲「東京」は入ってなかった。当然聴けるものだろうと思ってた僕は、なんだか寂しくて寂しくて。この日僕は「東京」を聴きたい理由がひとつあったのだ。

僕が6年付き合ってた彼女にプロポーズしてフラれたのは、この武道館のライブからちょうど1年前の秋。その後、向こうに新しく彼氏ができて、カラオケで泣きながら恋ダンスをして僕の青春は幕を閉じた。

と、そこで終わったかと思った話は、まだ続いて。なんてこったい。3月に彼女から連絡があった。

「話したいことがあります。会えませんか？」

突然の連絡に心底驚いた。もう二度と会えないと思っていたから。

別れてから、半年ぶりに彼女と会った。半年ぶりくらいじゃ、二人の見た目はたいして変わらなかったけど、二人の間の距離は明らかに昔のそれとは違って。空いた時間の分だけ、ぽっかりと隙間が空いたようだった。

「久しぶり」

「うん」

「今日は仕事だったの？」

「ああ、昼間、渋谷でライブがあったぐらいかな」

「そう」

「うん」

彼女が予約した、初めて行く焼肉屋。店に入ってもお互い話の本題にはなかなか触れられず、たわいもない話をし、出てくる料理をぎこちなく待った。しばらくして、彼女の方から切り出した。

「私、別れたの」

驚いた。僕はてっきり、その彼氏と結婚するという話かと思った。

詳しく話を聞くと、僕と別れてから、何人かの人にアプローチされていたみたいで。そりゃそうだ。元々こんな売れてない甲斐性なしの芸人が付き合えるような器量の女性じゃなかった。それなのに、僕と6年も付き合ってくれたことが、そもそも奇跡だ。

この
高鳴りを
僕は
青春と
呼ぶ

その中でも特別想ってくれた人と付き合ったが、僕のことが気がかりで、上手くいかず、付き合ったもののすぐに別れたという。続けて彼女が言った。

「いろいろと振り回すことして、ごめんなさい。でもやっぱり、私、あなたと結婚したいです」

彼女から半年越しに改めてプロポーズの返事を貰った。こんなことあるんだな。

「こんなことあるんだな」

気づいたら、頭で思ってたことをそのまま言葉に出していた。

「うん、こんなことあった」

「なんだよそれ、勝手だな」

「ごめん。でも、私がわがままなの知ってるじゃん」

「知ってるよ、そんなの。そんなの全部知ってる」

さっきまでの緊張が解けるように、二人とも力が抜けるように笑った。少しだけ、ようやく昔の二人の感じに戻った気がした。

結果、僕らはよりを戻すようになった。彼女はすぐにでも籍を入れようと言った。

だけど僕は、それをそのまま、受け入れることができなかった。

「うん。でもごめん、少しだけ時間貰えんかな。8月のキングオブコントまで待ってほしい」

「どうして？」

「優勝する。結果を出すから。それまで待ってほしい」

「結果なんて私いらないから。式も全然先でいいから。籍だけでも入れてもいいんじゃない？」

彼女はそう言って気遣ってくれたが、でも僕はどうしても結果が欲しかった。

「わかってる。でも絶対に結果を出すから」


僕のわがままだ。

彼女を幸せにするための、結果が。彼女が安心できるような、きちんとした結果が、自信が欲しかった。お笑いで大切な人を守っていける、確かな自信が欲しかった。この不安定で残酷などこまでも続く暗闇に、光が欲しかった。じゃないと、不安で不安でしょうがなかった。

ちょうど2月にやった単独ライブで、自分達でも胸を張って勝負できるネタができ

この
高鳴りを
僕は
青春と
呼ぶ

た。信清も、これだったら絶対いけると言ってくれた。二人で大笑いして作り、ネタが完成した時、真夜中の本社の教室で二人でガッツポーズした。いける。これならいける。ライブでの反応もすこぶる良かった。

このネタに人生の全てを賭ける。絶対に幸せにするんだ。このネタで世界を変えるんだ。一抹の不安もかき消すように、本番までの半年間、何度も何度もライブで微調整を繰り返し、万全の状態に仕上げた。

そして死にもの狂いで挑んだ夏、僕らは決勝どころか、準々決勝で負けてしまった。

結果発表を聞かずとも、お客さんの反応でわかった。頭が真っ白になった。全身の力が抜けて、ネタ終わり袖にハケたら、そのまま倒れ込んでしまった。僕の中のなにかが、全部が音を立てて崩れていった。

その日僕は帰りの電車で泣いて、最寄りの鳥貴族のカウンターで8時間一人で泣き明かした。人生賭けるっつって、準決勝どころか、その手前で負けんのかよ。なんだよ僕は。ふざけんなよ。いっつもそうや。いつも口だけで、なんもできんやんか。僕はなんもできんやんか。ふざけんじゃねえよ。

一人で8時間号泣しながら、鳥貴族で1万円以上使う若者。周りの人は怖くてたまらなかっただろう。金麦の大ジョッキ30杯以上飲まないと1万も超えないよ。閉店間際、掃除機を持った外国人の店員さん達に囲まれることはもう一生無いだろう。

キングオブコントの結果を僕は彼女に言えないでいた。それを察したのか、彼女から次の日にLINEが来た。

「ドンマイ！　また次がんばろ!!」

あえて明るく励ましてくれる彼女の優しさに、胸が苦しかった。

キングオブコントに負けてからの僕は、生気も覇気も無く、ただただ目の前の仕事をこなすだけの、抜け殻になっていた。そんな姿を彼女は見てられなかったのだろう。

そして9月、僕はまたしても彼女に別れを告げられた。なにやってんだよ。またかよ。当たり前だ。結婚や現実的な未来を考えたら、口だけでなにも結果も誠意も見せられなかった僕なんて、話にならなかったのだろう。

僕があの日、優勝していたら。もっと売れてたら。もっと面白かったら。世界を変えられてたら。

この
高鳴りを
僕は
青春と
呼ぶ

違う、そうじゃない。賞レースの結果次第で人生を決めるなんて、博打をしてるようなものだ。そんなものの結果が出ないと、幸せにする自信を持てないような覚悟なんて、ハナから覚悟に値しなかったんだ。彼女の覚悟を、真剣な想いを、自分のわがままで傷つけてしまった。僕は彼女を信じさせることができなかった。僕はそんな僕を信じることができなかった。

最後に会ってもう一度話そうと、品川駅のカフェで待ち合わせをした。別れることが決まってるのに、これ以上何を話すことがあるんだろうか。本当に話さなきゃいけないことがあるなら、二人が別れることなんてきっとないはずだ。こんなのは別れを少しでも美しくしたい僕のエゴだ。先に待ち合わせの店に入り、彼女が来るのを待った。なんでこうなってしまったんだろう。

店の一番奥のテーブルに座った僕は、入り口から入ってくる彼女を、長い時間見ることができた。彼女は、僕が一番見たくない彼女の顔をしていて、僕も僕で彼女にとっておんなじような顔をしていたんだと思う。ごめん、と言う彼女に、堰を切ったように溜まっていた思いの丈をぶつけた。僕はもう止まらなかった。彼女を責めるような言葉も吐いてしまった。うつむいて、何度もごめんと言う彼女。そうじゃないんだ。

そんな顔をさせたかったわけじゃないんだ。加速して脈を打つ鼓動に反して、真綿でゆっくりと締めるように心臓が締め付けられていく。違う。違うんだ。謝らないでくれ。お願いだから。僕が悪い。僕が悪い。なんでこうなってしまったんだろう。

君が笑うからだろ。

あの日君が笑ったから、笑ってくれたからこうなったんだ。君の笑う顔が可愛かったから。君の作る料理が美味しいから。君がいつも僕を褒めるから。君が叱ってくれるから。君が母ちゃんと仲良くするから。君の寝顔が可愛いから。君が寝たふりをするから。君が面白いって言ってくれるから。全部君のせいでこうなったんだ。全部君のせいで、全部僕のせいだ。ごめん。ごめん。本当にごめん。ありがとう。ごめん。

できることなら、最後。もう一度君を笑わせたかったな。

別れ際、僕が彼女の部屋の合鍵を返し、彼女はお揃いの部屋着のパジャマと、僕が貸してた映画のＤＶＤを返した。合鍵を返したのは人生で二回目だ。

この
高鳴りを
僕は
青春と
呼ぶ

離れていく彼女の背を見て、不甲斐ない僕はどうしようもなくて、全部、袋ごと品川駅のゴミ箱に投げ捨てた。

東京に来て7年、僕の東京は彼女で、彼女は東京そのもので。二人の夢は東京の空に消えて、いつのまにか星は見えなくなってた。

僕はとうとうなにも守れなかった。子どもの頃に憧れ、夢見た芸人になったはずが、思い描いていたモノは何ひとつ掴めず。大切な人も指の隙間からスルリと抜けていった。かろうじて掴んだ震える自分の両腕は弱々しく、力はもうさほど残ってなかった。このまま何も掴めないんだろうか。助けてくれ。誰か助けてくれ。神様。いつも助けてくれたじゃないか。いないなら、誰でもいい。いっそとどめをくれよ。とどめを刺してくれ。とどめを派手にくれ。

しゃがんで泣いていたら、ホームレスのおっちゃんがゴミ箱から僕のパジャマをとって笑いながら走っていった。一瞬の出来事だった。

目の前の状況に頭が追いつかなかった。全部を投げ出そうと諦めかけた夜、嘘みたいな神様が、嘘みたいなタイミングで現れた。何秒か経って、目の前で起きたことを

この
高鳴りを
僕は
青春と
呼ぶ

現実だと受け入れた瞬間。笑ってしまった。そんなことあんのかよ。
僕と彼女の7年は、神様の世界じゃ、ただの防寒具だった。さっきまで絶望に打ちひしがれてたはずなのに、笑いが止まらなかった。ああ、まだこんなに笑えるのか僕は。神様がパジャマを拾ってくれたおかげで命拾いした。パジャマと一緒に持って行ったDVD。僕と彼女が大好きだった『アバウト・タイム』のDVD。タイムトラベルの能力を持つ主人公が意中の女性との関係を進展させようと奮闘するヒューマンドラマ。神様はどうやって観るんだろう。
辺りを見回したら、神様はもうどこにもいなかった。僕が今まで見た神様の中で、一番足が速かった。一番今を生きていた。もし次の機会があったら、ゴミ箱にポータブルのプレーヤーを捨てよう。せめてもの恩返しだ。

僕と彼女の物語は終わったけど、思い出だけが今も品川で生き続けてる。品川の神様が二人の思い出を装備して、今夜も第2章を生きている。

結局、武道館で銀杏BOYZの「東京」は聴けなかった。銀杏の「東京」で、全てを綺麗さっぱり良い思い出にしたかったけど、そうはいかなかった。そうだよな。僕は僕で、僕の東京を創らなければ。そんなお笑いを、作品を、命を賭けて創らねばいけんよな。

＊

その年のクリスマスイブ。同期で芸人を辞めた、小川耕平の結婚式があった。僕が芸人で初めて嫉妬したやつだ。

あいつが辞めたのは2年前の2月の末。上手くいってると思ってた戦国は、相方の矢澤が芸人を辞めたのを機に解散した。それから何度かコンビを組み直したが、どのコンビも上手くいかず、最後のコンビを解散した日に、耕平は芸人を辞めた。地元の名古屋に帰り、実家の家業の呉服屋を継ぐんだと。ショックだった。上手くいってなかったのは知ってたけど、勝手に僕は「面白いから大丈夫だ」ばっかり言ってて。本当に勝手なんだけど、僕は本当に一番面白いと思ってたから、しょうがねえもんな。僕はこいつだけは絶対辞めねえと思ってたし、僕は勝手にずっと一緒にお笑いやっていくんだろうなって思ってたよ。

東京を去る最後の日に、耕平と同期のゆにばーすと四人で飯行って。最後だからって、別に思い出話するわけでもなくさ。やっすい食べ放題の焼肉の、これが美味いだとか、この卵かけご飯が最強だとか、しょうもないことばっかり喋って。駅の改札で別れる時も、「じゃあまたな」っつって。また明日にでも会うような、素っ気ないバイバイで。

いつもこうなんだよな。僕達の別れってこうなんだ。どうにもできないけど、どうにかしたかったな。毎回毎回、寂しくて悔しくてなんだよもう。一人になってまたわんわん泣いてしまった。

そんな耕平が結婚するというのだ。
こんなの、祝う理由しかない。

街がイルミネーションの輝きに包まれ、恋人達が溢れる中、彼女もいない地獄のようにもさい同期五人で集まった。妖怪だらけ。そりゃ彼女もできない。
30歳過ぎてもご祝儀さえまともに包めない僕らは、交通費を節約しようと、一番安いレンタカー屋でハイエースを借り、名古屋まで深夜高速を飛ばして会いに行った。普段、車を運転する機会なんてないペーパードライバーの僕らは、交代で震えながらハ

この
高鳴りを
僕は
青春と
呼ぶ

ンドルを握りしめた。途中、大雨や強風で車が揺られ、本当に事故りそうで危なかったが、なんとか無事、名古屋の式場に着くことができた。

式が始まった。久しぶりに見るタキシード姿の耕平はなんだか見違えるようで。あんなにモテなかった童貞の同い年のアフロは、実家の呉服屋を継いで、髪を切り、すっかり痩せていい男になっていた。そしてこんなやつを愛してくれるような最高でステキな奥さんまで手にして。奥さんのえりちゃんは、話してみたらとても優しくて慈愛に満ちていた。きっとマザー・テレサの生まれ変わりだろう。

どっかで僕は、耕平は戻ってくると思っていた。少し休んだら、またこのお笑いの世界に戻ってくると。頭のどっかでそんなことを思っていた。

同期の皆も、少なからずそう思ってたはずだ。だって、こんなにも才能があって、努力ができて、皆に認められ、愛されるこいつが、辞めていいわけがない。面白いやつがなんで辞めなくちゃいけねえんだよ。そんな世界であっていいわけがない。こいつでも辞めなくちゃ、諦めなきゃいけない世界だとしたら、凡人の僕はどうすればいいんだ。早く復帰して、めちゃくちゃに売れてもらわなきゃ困る。戻ってこいよ、早く。

じゃないと困るんだよ。
何年も、何年も。毎日、毎日、泥水すすって這いつくばってもがいてきたんだ。いつか、いつか売れるんだ、と。絶対大丈夫だ。俺達絶対大丈夫だって。ずっと、それだけを信じて夢見てきたんだ。どんなに否定されても、どんなに傷ついても、どんなに踏みにじられても、この世界に焦がれて、生命を燃やして、人生を全部、全部。夢中になって闘ってきたんだ。なのに、これじゃ救いようがないじゃないか。僕らは最初から必要なかったのか。僕らがやってきたことは、なんの意味もなかったのかよ。

式で耕平を見るまで、僕はそんなことを思っていた。ただ、耕平の顔を見たら、二人の姿を見ていたら。気づいたらボロボロ涙がこぼれていた。一緒に参列したほかの同期も皆、笑いながら泣いてた。バビロンの太田も、ゆにばーすの川瀬も、はらも、ノビも溝口も塗師も中山もしんたろうも、皆泣いてた。

僕らは間違ってなかったんだ。なにひとつ、間違ってなかった。
呆れるほどにくしゃくしゃに笑う耕平を見て、僕らはそう思った。この残酷な世界で、がむしゃらに走って走って傷ついてぶっ倒れて、もう立てなくなって這いつくばっ

この
高鳴りを
僕は
青春と
呼ぶ

て、それでも伸ばした手の先に、掴んだのは泥だけじゃなかった。あったんだ。意味はあったんだ。清々しいほどに笑う覚悟と決意の先に、希望があった。必死に足掻いた日々に、なにひとつ無駄なことなんてなかった。

芸人を辞めても、こんなにも愛に幸せに笑ってるなら、こいつの『火花』はハッピーエンドだ。それが嬉しくてしょうがなかった。みんな馬鹿みたいに笑ってた。

披露宴も終わりに近づき、新郎新婦の退場。会場の皆が惜しみない拍手で二人を送り出す。それはまるで、芸人が劇場で大ウケしたときに貰う最高の拍手笑いのようだった。そんな世界一の拍手笑いを貰う二人を、羨ましいとは思わなかった。ただただ、誇らしかった。

「なんでてめぇが泣いてんだよ！」と、耕平が大笑いしてツッコんだ。うるせえな。泣いてねえよ。少し笑いすぎただけだ。

耕平の母ちゃんと親父さんにも改めて挨拶して。「『さんさんさん』にも、耕平を出してくれてありがとな！」と。嘘だろ、おい。僕らが芸歴1年目にこそこそとやっていた配信動画も知ってくれてて。「頑張ってくれよ、坂田君！」と、自分の親のように応援してくれた。嬉しいったらないよ。「頑張り続けます」。そう、強く約束した。

クリスマスに人の幸せを祈り、また深夜高速をハイエースで帰って、家に着くやいなや、またソファで寝落ちしてしまい、それから15時間爆睡した。クリスマスはもう終わってた。

＊

もうすぐ、次の春が来たら、僕の芸人生活は8年目を迎える。

僕は今日も夜な夜な、真夜中の本社で面白いことを考える。ネタを考えては披露して、考えては披露して、笑ってもらったりスべったりを繰り返す。もちろん売れてない。金もない、夢だけがある、バイト生活の日々だ。それでも僕らは生きる。そんで本気でお笑いで人を助けたいなんて思っちゃってる。助かる人がいると思ってる。だって僕がそうだったもの。

楽しいことばっかりなんて、あるもんか。ここは天国でも地獄でもない、ただの無慈悲で残酷な現実だ。そんなの知ってるけど、甘っちょろい僕らは綺麗事ばっかり。

この
高鳴りを
僕は
青春と
呼ぶ

なんだそれ、って冷たく僕が言うんだけど、綺麗事を言うのがあんたの仕事でしょ、ってまた別の僕が言うのだ。僕は僕を繰り返して、時々嫌になる。そんで少しだけ進む。そんで休んで酒飲んで吐いて愚痴を言って、笑ってまた前に進む。万歳だ。

じいちゃん。じいちゃん、こないださ、手紙が届いたんだよ。どんな人かは全くわかんない。僕らのルミネ単独ライブを観に来てくれたんだと。人生の一番どん底にいる時に、ルミネでスーパーヒーローに救われたって。それから今日まで死ぬ気で必死に生きて、なんとか今、平和に過ごせてるって。あれ以来まだライブには行けてないけど、元気になったらまた観に行きたいって。嬉しくて嬉しくてさ。もし元気になってライブに来られたら声かけてくれ、って返事したんだ。生きててよかったな、っつって抱きしめて笑い合おうと思うんだよ。やっぱりじいちゃんの言ったとおりだな。遠回りして遠回りして、ちっとも前に進んでる感じしねえけどさ、そういうことなんだよな。今ならわかるんだ。いつもありがとな、じいちゃん。最近、ずっと思ってる。僕、あなたのようになりたいんだ。

君は今頃どうしてるだろうか。知らない誰かと暮らしてるのかな。そうじゃなくても、笑ってくれてたらいい。それだけ祈ってる。もし僕が売れたら、きっと君のせいだ。君に何回も怒られたけど、最後の最後まで、「芸人を辞めて」なんて一回も言われなかったな。

素晴らしい仕事をしていると思ってる。それだけが唯一の自慢だ。胸はいつだって高鳴ってる。タイムマシンができたら17歳の僕に自信を持って言うのだ。
なにも心配いらないぜ。

僕は東京を生きる。今日も明日もこれからも。ただひたすらに真っ当に、笑うように生きるのだ。

装画　ナカゾノヨシオ
装丁　アルビレオ

本書は、一般の人の物語が社会に発信される世界を目指し、
株式会社よしもとクリエイティブ・エージェンシーと
人生投稿サイト STORYS.JP（https://storys.jp）が共同開催する
プロジェクト「カタリエ」に投稿された文章を加筆し、書籍化したものです。

この高鳴りを僕は青春と呼ぶ

2019年2月27日　初版発行

著者　坂田 光
発行人　藤原 寛
編集人　松野浩之
企画・進行　竹山沙織、南百瀬健太郎
DTP　鈴木ゆか
校正　聚珍社
題字　坂田 光
営業　島津友彦（ワニブックス）
協力　清瀬 史（STORYS.JP）

発行　ヨシモトブックス
〒160-0022 東京都新宿区新宿5-18-21
TEL 03-3209-8291

発売　株式会社ワニブックス
〒150-8482 東京都渋谷区恵比寿4-4-9 えびす大黒ビル
TEL 03-5449-2711

印刷・製本　株式会社光邦

ISBN 978-4-8470-9766-9